UNREAD

谈情说爱的哲学家

Was ist Liebe, Sokrates?
Die großen Philosophen über das schönste aller Gefühle

8场
关于爱的跨时代讨论

Nora Kreft

[德] 诺拉·克雷弗特——著 | 陈敬思——译

天津出版传媒集团
天津人民出版社

献给埃曼努埃尔

目 录

前 言   1

哲学讨论会成员   7

苏格拉底   7

奥古斯丁   8

伊曼努尔·康德   9

索伦·克尔凯郭尔   10

西格蒙德·弗洛伊德   11

马克斯·舍勒   12

西蒙娜·德·波伏娃   13

艾丽丝·默多克   14

第一章　一场关于爱的讨论：欢迎来到柯尼斯堡！　　15

　　　　伊曼努尔·康德欢迎客人们来到他家。

第二章　爱与智慧的关系　　23

　　　　苏格拉底向大家解释爱、美和追求智慧之间的关系。

第三章　被爱者的不可替代性　　51

　　　　马克斯·舍勒引证了被爱者的不可替代性，众人由此开始了一番讨论。

第四章　爱与欲望　　77

　　　　西格蒙德·弗洛伊德为他的欲力理论辩护，客人们学习起了爱的生理学。

第五章　人能爱上机器吗？　　95

　　　　奥古斯丁对人工智能和性爱机器人很感兴趣，众人陷入了对自主意识定义的苦思冥想。

第六章　爱会限制我们的独立性吗？　　121

　　　　西蒙娜·德·波伏娃对父权制下的爱进行分析，引发了一场有关爱与幸福的讨论。

第七章　存在拥有爱的权利吗？　　　　　　　141

　　　索伦·克尔凯郭尔为邻人之爱高歌一曲。与会众
　　　人开始思考，爱是否不公平。

第八章　爱的艺术　　　　　　　　　　　　　161

　　　艾丽丝·默多克向众人解释，为什么只有先忘却
　　　自己，才能真正去爱。

第九章　约会应用程序——爱情大甩卖？　　　177

　　　与会的客人们就约会应用程序和我们这个时代对
　　　爱的资本化展开讨论。

第十章　你只需要爱　　　　　　　　　　　　195

　　　索伦·克尔凯郭尔有场约会。艾丽丝·默多克在
　　　脑海中回味过去的一天。

致　谢　　　　　　　　　　　　　　　　　　　203
参考书目　　　　　　　　　　　　　　　　　　205
扩展阅读　　　　　　　　　　　　　　　　　　209

前　言

　　爱经常把我们的生活搅得天翻地覆。想要一边爱着别人，一边继续像往常一样生活是不可能的：爱会从根本上改变我们，它会改变我们的欲望、愿望和所感所知。我们坠入爱河时，注意力会转移到新的地方，因此所见所闻也会变化。难怪爱从一开始就让人晕头转向、筋疲力尽。忽然间，我们所有的想法都只围着爱人打转，最渴望的事情也成了得到对方的爱。这让我们变得脆弱，而且这种感觉并非初坠爱河的专利，还贯穿爱的始终：即便是沐浴在爱河中的人也始终不会真正习惯爱的存在，这种脆弱感也不会随着时间的推移而消散。对失去了爱的人来说，就算是每天起床，继续生活这样的小事都会变得艰难起来。似乎正是爱第一次为我们解释了死亡和孤独的真正含义。

　　爱有时会突然降临，有时又姗姗来迟，但无论怎样到来，它都会直接夺走我们对自己的掌控力。爱会干涉我们作出的决定——至少是那些重要的决定，但我们却无法决定要不要去爱。我们可以选择是否认同自己相信爱，也可以试着忽略和爱一同到来的那些情感和愿望，但决定爱还是不爱的权利却并不在我们手中。情侣之爱如此，父母之爱、兄弟姐妹之爱和友谊之爱亦如此。

既然爱让我们变得面目全非、脆弱不堪，还无法被我们掌控，那我们为什么依然如此渴望爱呢？爱究竟有什么特殊之处？为什么我们宁愿忍受爱带来的痛苦，也不愿自己从未品尝过爱的滋味？为什么爱如此难以用言语表达？为什么我们在爱的过程中不断犯错，却依然不愿意放弃？

爱是一种不可思议的现象，从人类诞生之初（至少是从人类历史记载的开端）便与我们同在，因此也成了哲学界一直思考的话题。情侣之爱、父母之爱、兄弟姐妹之爱和友谊之爱之间有什么共同点？是什么让它们都能被称为"爱"？每个世纪的哲学家都思考过这些问题，并将他们睿智的想法诉诸笔端。要是他们能穿越时空，和我们一起探讨关于爱的种种疑问（不仅是那些已经被一代代人反复思考过的基本问题，还有关于约会应用程序，爱与人工智能等带有鲜明时代和文化特色、与当下的我们息息相关的问题），岂不是很让人激动？

在接下来的十章中，我让这个思想游戏又前进了一步：

在伊曼努尔·康德位于柯尼斯堡（今加里宁格勒）的家中，八位哲学家相遇了。这八位历史人物来自完全不同的时代，但都对探索爱的哲学做出了巨大贡献：苏格拉底来自古典时期，奥古斯丁生活在古典时期末、中世纪初，伊曼努尔·康德来自18世纪，索伦·克尔凯郭尔来自19世纪，西格蒙德·弗洛伊德和马克斯·舍勒是20世纪上半叶西方哲学世界的代表，西蒙娜·德·波伏娃和艾丽丝·默多克则来自20世纪下半叶。来自康德的神秘邀请函让他们聚到了一起——康德先前经常请他们来自己家做客，后来却渐渐没了消息，这次他忽然又冒了出来，还想跟大家谈一谈爱。历史上的康德认定爱在道德上很可疑，但本书中的康德却想在这七位客人的帮助下再探讨一下这个话题。

他们的讨论自然涉及了这个话题的方方面面：爱究竟是什么？爱是否有理由？在相爱的人眼中，爱人是世界上独一无二的存在，不能被与他们相似或"比他们更好"的候选人取代，这种现象又该怎样解释？爱和激素之间有什么关系？人能爱上机器人吗？与机器人做爱会让我们怎么样？爱和独立这二者之间的关系，究竟是水火不容的还是相辅相成的？为什么爱能给人幸福（而有时也会让人感到无比痛苦）？是否存在着"爱的权利"？爱可以练习吗？"爱情药丸"是什么？

该怎么看待约会应用程序？除此之外还有许许多多的问题亟待讨论，而八位参会者则在永恒的难题和当下的尖锐问题之间来回穿梭。

书中八个人的言论和各自原型的看法并不完全一致，毕竟历史上的他们不会思考性爱机器人和约会应用程序的问题；书中的人物也有可能改变自己的想法，这在讨论中也是很常见的，他们带着自己的基本观点加入讨论，但也可能被其他人有力的反驳论点说服，受到他们的影响，并因此改换到新的立场上。

我希望他们的灵光一现也能激起读者一同思考的兴趣，今天的爱之哲学最需要的就是参与进来、一起思考的人。一方面，爱的哲学作为一个还比较新鲜的研究领域，直到最近才重新进入人们的视野，而这一领域近年来涌现出了许多创造性的研究成果，我们的八位参会人也将对其中的一些想法进行探讨。另一方面，即便在当下这样一个充斥着激烈政治讨论的时代，爱依然是一个重要的话题。尽管爱往往开始于对某个特定个体私人且强烈的感情，但爱也能让人看到每个人的不可替代性，从而唤醒人们的正义感。除此之外，爱能释放一个人所有的力量：爱着别人的人极具创造力，而且不会轻言放弃。为了完成我们这个时代的重要任务，我们必须利用好这些能力。

爱和思考常常被视作水火不容的对立面,人们常说,爱是纯粹的感情,因此与思考相去甚远,但在我看来,一切感情都是经过浓缩的对世界的思考。在柏拉图的对话录《斐德罗篇》中,苏格拉底向某人解释:爱上他人的(其中一种)意义就是想与对方探讨哲学问题,而哲学需要这种动机,因为只有这种对另一个个体的爱才能引发我们对智慧的爱。如果他的说法属实,那么爱就不仅仅是哲学重要的主题之一,还和哲学相互依存:爱通过哲学表现出来,而如果没有爱,没有对另一个个体的爱,关于哲学的探讨也无法进行。

当然,这些观点都是有力的论据,但如果我们想正确理解它们,还需要进一步探究。尽管还没有这样做,但我能感觉到它们的确揭示了一些真理:爱与人们对理解自我和世界的渴望紧密相连。即便相爱的人自身没有意识到这一点,他们也会想要一起思考自己希望的生活方式,思考自己应当相信什么、可以盼望什么。也许书中这八位思想家共同探讨哲学的过程本身也是一种友谊的体现,是一种爱的实践。

诺拉·克雷弗特
2019 年 8 月

哲学讨论会成员

苏格拉底

来自雅典的苏格拉底出生于公元前469年,他人生的大部分时间都在雅典城的集市上度过,他会在这里缠着路人和自己讨论哲学。"人该如何生活"这个问题让他格外烦恼,在他看来,不受争议的生活是不值得的。他一再强调自己其实一无所知,可正因如此,德尔斐的神谕宣称他是天底下最聪明的人。

公元前399年,他因"讥讽众神,蛊惑青年"的罪名被处死。他的妻子是赞西佩,二人育有几个孩子。

柏拉图是苏格拉底最著名的学生。苏格拉底被处死之后,柏拉图开始撰写哲学对话录,主角就是苏格拉底。其中有三篇着重谈到了爱:在早期的《吕西斯篇》中,苏格拉底和两个孩子探讨了他们之间的友谊以及他们和各自父母的关系；在《会饮篇》中，苏格拉底在诗人阿伽颂主办的宴会上与一些著名学者就爱神厄洛斯畅所欲言；而在《斐德罗篇》里，苏格拉底则和英俊的斐德罗讨论起了爱对恋人来说究竟是好还是坏。在三篇对话录中，有一个观点反复出现：对其他个体的爱根植于对智慧的爱。

奥古斯丁

公元354年，奥古斯丁出生于今阿尔及利亚境内的塔加斯特城。他的《忏悔录》既是长祈祷文，也是一部自传。这本书可分为两部分，第一部分主要描述了他在公元386年皈依基督教之前忙碌的求知生活，以及他内心的哲学困境；第二部分则探讨了一些哲学问题：时间是什么？我要如何认识自己，又该如何认识上帝？对自我和上帝的认识之间存在着什么样的关联？公元396年，他出任希波主教，之后一直担任这一职务直至公元430年去世。爱是在奥古斯丁许多著作中反复出现的重要主题。上帝与爱在何种意义上可以画上等号？爱上帝与爱自己的邻人分别意味着什么？这种爱与友谊之爱和情欲之爱相比又有什么不同？这些都是他试图探究清楚的问题。奥古斯丁说过这样一句名言："去爱吧，然后做你想做的。"在皈依基督教之前，他与一位女子共同生活多年，他一定深爱她。二人育有一个儿子。

伊曼努尔·康德

1724年，伊曼努尔·康德出生于柯尼斯堡，直至1804年逝世，他的一生几乎都在家乡度过。他的"三大批判"（《纯粹理性批判》《实践理性批判》《判断力批判》）是哲学史上最重要的一系列作品，他的贡献被称作哲学界的"哥白尼式转向"。也许是因为康德认为爱在道德层面很可疑，他留下的关于爱的言论少得惊人。在某些著作里，他甚至将情欲关系中具有排他性的爱称为一种纯粹的"病态"，一种不足以构成道德行为动机的倾向。但在后来的作品里，他似乎忽然对爱的道德地位有了更积极的新看法。他的观点到底有没有改变，这本身就是一个很有趣的问题。他终身未婚，也没有孩子，但他很喜欢请人来家里做客，还经常和朋友们一起喝酒。

索伦·克尔凯郭尔

1813 年，索伦·克尔凯郭尔出生于哥本哈根。他的许多哲学作品都嵌入了文学元素：书中的虚构人物会进行内心独白，会为自己的行为做解释甚至找借口，也会给他人写信。但《爱的作为》这部作品却有所不同。这是他唯一一部专门讨论爱的著作，他用了真名发表，而且行文中也没有借助文学化手段刻意将自己与这一主题拉开距离。在《爱的作为》中，克尔凯郭尔探讨了基督教定义中的爱与永恒之间的关系，以及爱的变革性力量。除此之外，他还对资产阶级的婚姻和排他性的情欲关系进行了批判：在克尔凯郭尔看来，这种排他性的情欲关系会让人沉迷，从而变得自私，所以在这种关系中收获的爱也无法得到真正的发展。也许正是因为有了这样的想法，克尔凯郭尔忍痛取消了与蕾吉内·奥尔森的婚约。离开蕾吉内之后，他再也没有走进任何一段亲密关系。1855 年，克尔凯郭尔由于一场中风，不幸英年早逝。

西格蒙德·弗洛伊德

1856 年，西格蒙德·弗洛伊德出生于今捷克境内的弗莱堡（现称普日博尔），之后前往维也纳生活。他是一名神经科医生，也是精神分析学的创始人。精神分析作为一种治疗精神疾病的手段，能将病人潜意识中的愿望和想法暴露出来，从而释放它们的"魔力"。诸如"潜意识""投射""压抑""升华"等心理学核心概念也都是由他提出的。在《性学三论》中，弗洛伊德认为"欲力"[1]是解释人类行为的关键，而在他之后的著作《超越快乐原则》中，欲力不再单单指纯粹的性欲，而是一种追求生命、发展和理解的驱动力，弗洛伊德将之改称为"爱欲"。在爱欲之外还存

---

[1] 原文"Libido"，规范术语译名为"力比多"，结合本文内容，采用"欲力"译法，便于理解。——编者注

在着一种渴望平静的强烈冲动,即死亡本能。

为躲避纳粹的迫害,弗洛伊德于1938年携全家人从维也纳逃往伦敦,一年后在当地逝世。他与妻子玛塔·贝尔奈斯共有六个孩子,其中同为心理分析学家的女儿安娜·弗洛伊德和他关系最亲密。

马克斯·舍勒

1874年,马克斯·舍勒出生于慕尼黑,后在科隆担任哲学和社会学教授。在《质料的价值伦理学》和《同情的本质与诸形式》这两本著作中,他认为有一些客观的价值是我们可以通过感情认识到的,但爱并非仅仅让人从所爱之人身上看到某种已经存在的价值。舍勒认为,爱更像是一种让所爱之人实现他们身上潜在的更高价值的运动,爱可以帮助他们,让这种更高的价值成为现实。在他看来,爱与恨都是人类行为的基本动机。他一生中结过好几次婚,并因此遭到了天主教会的批评,他也因此渐渐疏远了教会,而此前,在1916年,他已经从犹太教改信了天主教。他的几段婚姻给他留下了一个儿子。1928年，舍勒在法兰克福逝世，年仅五十四岁。

西蒙娜·德·波伏娃

1908年，西蒙娜·德·波伏娃出生于巴黎。在以优异成绩从索邦大学和巴黎高等师范学院毕业后，波伏娃成为一名教师，也是自由作家和存在主义哲学家。在著作《第二性》中，她特别提到了在父权制环境下爱会给女性带来的危险。女性无法在父权制社会中充分发挥自身的才能，所以往往会将爱作为出口，以排解她们在现实生活中承受的这种挫败感：她们完全依赖所爱的男人，任由他摆布自己的人生，而这个男人虽然也在爱中，却依然可以自由地生活和思考。正因如此，对女性而言，做到克服一切阻挠、保持独立，要比进入一段常规的男女感情关系好得多。这就是为什么波伏娃本人终身未婚，而只与她的伴侣让-保罗·萨特保持了一段开放式关系。她于1986年去世，葬在了萨特身旁。

艾丽丝·默多克

1919 年，艾丽丝·默多克生于都柏林。在牛津大学教授哲学期间，她曾与伊丽莎白·安斯康姆、菲利帕·福特等女哲学家共事。与同事们不同，默多克不仅撰写理论文章，小说也非常著名。对她而言，爱既是重要的哲学问题，也是重要的文学主题："臃肿、顽固的自我"在我们眼前蒙上了一层纱，让我们看不清他人；而爱能穿透这层纱，让人真正看清自己的爱人，正确评价对方。她所说的这种"去自我"，可以通过以沉浸式欣赏艺术品等途径练习。她的丈夫约翰·贝雷在她 1999 年去世后出版了一部献给她的挽歌，这部作品记述了她人生中最后几年的生活，后来被改编成了电影。

第一章

一场关于爱的讨论：
欢迎来到柯尼斯堡！

伊曼努尔·康德欢迎客人们来到他家。

"我亲爱的朋友，过了这么久了，为什么你想谈谈爱呢？"艾丽丝自忖。她的目光匆匆掠过床边书架上的一排排书脊。她一边思考着，一边叠起伊曼努尔扔在洗脸台上的毛巾。从顶楼的窗子向相邻的花园里望去，光秃秃的树枝在风中簌簌作响，野灌木丛中藏着老鼠和刺猬，鸟儿们支起羽毛，被冻得跳来跳去。

忽然，楼下传来了一声响亮的"你好"。艾丽丝冲进楼梯间，从栏杆的空隙探身往下看，伊曼努尔正从进门的一群客人手中接过外套。"你们能找到我家真是太好了！"他招呼道。客人中一位身着考究西装、戴着金丝眼镜的先生打趣说："我们要是找不到你，咱们也就没法聚会了。"伊曼努尔有些尴尬地笑了笑，似乎想反驳几句，但还是向来客们指了指通往二楼的路。那位身着西装的先生扶着另一位客人上楼，那人走路一瘸一拐，爬楼梯更是相当费劲儿。

在他们身后又有一位身材高大的男士跌跌撞撞地进来了，

尽管天气寒冷,他却满头大汗。他挥舞着邀请函抱怨道:"伊曼努尔,你这路线描述得可真复杂,我都走错地方了,柯尼斯堡太不适合我了!"突然打开的大门眼看要撞上旁边一位女士,但她在最后一刻敏捷地躲开了。"当心点儿,马克斯!"她整理好头巾,皱着眉头说。

"西蒙娜!"艾丽丝从楼上唤道。西蒙娜眯着眼睛向上望去,冲她挥挥手。那位瘸腿的客人楼梯上了一半,停下来喘着粗气发问:"苏格拉底在哪儿?"伊曼努尔用眼神示意,告诉他苏格拉底已经在餐厅等着了。艾丽丝跑回房间拿了一件开衫,急忙下楼,想赶在其他人之前先到苏格拉底身边。

苏格拉底身裹毛毯,背对着门,单腿站着。艾丽丝悄悄溜到他背后,轻轻拍了拍他的肩膀,忍不住笑出了声。

"你在这儿啊,艾丽丝!"苏格拉底迅速转过身来。他们拥抱,其他客人也陆陆续续走进餐厅。

马克斯立刻找了张椅子,一屁股坐下,摊开两条腿。西蒙娜凑到了苏格拉底和艾丽丝这边,在口袋里找起了火柴。艾丽丝打开窗户,跟西蒙娜点燃了一根香烟,轮流吸着。"给你带了这个。"西蒙娜递给艾丽丝一本小册子。"《爱的政治》。"艾丽丝念出标题。"你翻翻看,"西蒙娜吐了个烟圈,"还只是初稿。"艾丽丝兴致勃勃地翻阅了起来。

伊曼努尔将纸和咖啡杯分发到众人的座位上,并邀请大家就座。客人们围坐成一圈,互相握手,从口袋里掏出钢笔。伊曼努尔神色庄重地站到桌子一头,吸了一口气,正准备致欢迎辞,门口忽然悄悄闪进一个瘦高的人影,神情紧张地寻找着空座。"欢迎你,索伦。"伊曼努尔欠身致意,但索伦并没有看他,只飞快地嘟囔了一句"谢谢,下午好",就坐到了西蒙娜和马克斯之间空着的桌角旁。坐下时他手里的笔记本掉在了地上,他急忙捡了起来,塞到面前的一沓纸下面。

"欢迎各位来到柯尼斯堡,也欢迎各位参加我们今天这场关于爱的小讨论会!"伊曼努尔终于开始致辞,"你们能接受我的邀请,我很高兴,也很荣幸。这座房子已经太久没有人来拜访了,橱柜里的餐具都落了一层灰。能再次当面听到各位的声音真是太好了,大家想在这里待多久就待多久!当然,我们今天的主题也确实需要不少时间来讨论。各位对今天这个话题都非常熟悉了,但对我来说,有许多问题放在爱的语境下来看还是很陌生,因此如果讨论的内容我不能一下子全都理解,还请大家多多包涵。爱是一种强大的力量,爱情一旦来临便很难摆脱。它准备好为我们包办一切选择:这些选择有时是明智的,有时则不尽然。它向我们许诺能在人间拥有天堂般的幸福,却也常常让我们品味最深刻的痛苦,感受到非比寻常的不幸。有些人认为，爱在我们自我认识的过程中至关重要，人之所以成为人，便是因为拥有爱的能力；还有些人看到了爱的危险，认为它让我们心不在焉，夺走了我们的时间和自由，败坏了我们的道德。这捉摸不定的感情**到底**是什么？或者说，爱也许根本就不是一种感情？从这一点出发就可以展开很多讨论了。我想听听大家的解释。"

"你要不要先跟我们解释一下，你这阵子都忙什么去了？我们已经好久没听到你的消息了，一上来就是这么个邀请？"马克斯喊道。

"真是出人意料！"穿西装的男士偷笑道。

伊曼努尔以几乎不会被人察觉的幅度把一只脚在地上蹭来蹭去："实在抱歉，我……我有事情要忙。"他盯着桌面，像要靠它稳住自己一样。"不过壶里有咖啡，大家请自便，不要客气。"伊曼努尔匆忙讲起了会议相关事项，瘸腿的男子向身旁的女子递过一张字条。

上面写着一行字："你有消息吗？"

艾丽丝潦草地写下回复："你好啊，奥古斯丁。"

"嗨，艾丽丝！所以说？"

"？"

"这到底是怎么回事？"

"问苏格拉底。"

"为什么问他?"

"他应该知道得更多,伊曼努尔有时会给他写信。"

奥古斯丁仍不罢休:"他是不是又怀疑了什么?觉得爱即病态之类的?"

"我不知道!去问苏格拉底,我们就知道了。"

她坚决地把字条推了回去,微微转过身,示意他讨论到此结束。伊曼努尔这会儿说起了午餐:"……会在13点左右招待大家。如果各位同意的话,我们会早一些吃晚餐,18点左右。讨论会过程中也会安排稍短的休息时间。苏格拉底已经跟我说好,他要先分享一下自己的想法,给我们开个头。但在他发言之前,我想让大家彼此熟悉一下,毕竟在座的各位也不是相互之间都认识。我嘛,你们应该都认得:伊曼努尔·康德,正是在下。"桌旁的几位客人笑了起来,他们隐约回忆起了很久之前自己在这座房子里参加过的聚会。可那些聚会之后的某一天,康德忽然没了消息,其他人徒劳地等待着他的邀请函,先前那些聚会也在他们的反复讲述中变得越发美妙。他们等了又等,直到甚至快要忘记了这件事。**后来**,他们终于收到了康德的来信。

客人们还在回忆往事,伊曼努尔接着介绍:"我身边的这位,西蒙娜·德·波伏娃,来自巴黎的哲学家和作家,她因分析父权制度下的爱而著名,还提出了'真正的爱'这一概念。旁边这位是来自哥本哈根的索伦·克尔凯郭尔,也是哲学家兼作家,我说得没错吧?"

索伦惊慌地抬眼看了他一眼,伊曼努尔迅速继续道:"索伦最有名的是他对情欲之爱的批判以及对爱与永恒之间的关系的思考。他身边坐着的是马克斯·舍勒,来自慕尼黑的哲学家和社会学家。马克斯认为,爱并非单纯的价值判断,而是指向某种价值的运动,这一点我们之后肯定还会谈到。下一位是奥古斯丁,哲学家,也是圣人。'去爱吧,然后做你想做的。'这句话正是出自他之口,希望在今天的讨论之后我们能更好地理解他的想法。接下来是艾丽丝·默多克,来自牛津大学的哲学家和作家。艾丽丝相信,爱是一种特殊的'看见'。接下来是来自维也纳的西格蒙德·弗洛伊德,医生、心理分析学家,也是哲学家。我们将从他那里领会爱和欲望之间的关系。

"最后是来自雅典的苏格拉底,他是今天第一位发言人。我亲爱的朋友,下面轮到你了,我知道你不喜欢演讲,因此你能愿意首先分享你的看法,我们格外感激。等你讲完之后,我们就开始讨论!苏格拉底,在你看来什么是爱情?你又为什么对这个话题感兴趣呢?"伊曼努尔走下讲台,坐到了桌子尽头,波伏娃右边的位置上。

第二章

爱与智慧的关系

苏格拉底向大家解释爱、美和追求智慧之间的关系。

苏格拉底微微扭了扭腰,摇了摇头,披着的毯子从肩头滑落。"爱就像一名聪明的乞丐,"他开了口,"它忙忙碌碌,东翻西找……"他陷入沉思,摇摇头继续解释:"我在你们面前装爱情专家可真挺离谱的,对吧?我是苏格拉底,而苏格拉底实际上对一切都**一无所知**,不是吗?!"他抬起头,轻声笑了笑。"这情况相当棘手,当然,我本人也难辞其咎,我懂,我懂,本来就是这样:要不是因为我以前多次夸下海口,说自己懂得爱是什么,我现在也不用来跟你们讲解这个。"他揉搓着自己的手掌心,揉完了一只又揉另一只。他的听众看起来有些不知所措,但都沉默地坐在座位上耐心等待着。

"要是狄奥提玛在就好了……"他从地上捡起毯子,终于又开了口,"要不我干脆忘掉原来准备的演讲,跟你们说说我还是个年轻学生那会儿,都和她谈了些什么关于爱的事吧。"

"好呀!"台下传来了艾丽丝的声音。西格蒙德搅着杯中的咖啡,轻描淡写地说:"为什么要讲狄奥提玛?她是你编出来的人物,根本就不存在吧!"

女祭司狄奥提玛出自柏拉图的《会饮篇》。柏拉图是苏格拉底最著名的学生,苏格拉底去世后,他撰写了一系列以其为主角的哲学对话录。在《会饮篇》中,苏格拉底称狄奥提玛是自己的哲学老师,并和其他人分享了他们有关爱和渴望的讨论。柏拉图对话录中出现的人物大多在历史上确有其人,但关于狄奥提玛是否存在这一问题目前依旧存在争议。

苏格拉底瞠目结舌,任毯子再度滑落在地。"编出来的?!她百分之百真实存在!要是没有狄奥提玛,我就不会走进哲学的大门……实话实说,要是没有她,**你们**也不会来搞哲学。"他双手一拍,忽然清醒了过来,"一切都开始于她问我爱是什么。我结结巴巴地说了些什么心悸啊,夜不能寐啊之类的感受,还没说几句就被她打断了。她要我更有条理些,她想听的是**深入思考**,而不是**东拉西扯**。失败了好几次之后,还是狄奥提玛拉了我一把,她让我这样想:爱某样东西的人必然渴望那样东西,没有渴望的爱是不存在的,不是吗?我们甚至可以说,爱就是一种渴望,对吧?当时这一下子就点醒了我,直到现在我仍然深受这个想法的启发。不知道你们对这个问题怎么看?"

奥古斯丁、西蒙娜和西格蒙德点头同意,其他人则露出怀疑的神情。马克斯吸了一口气,刚想开口,却被伊曼努尔抢了先:"我觉得这个想法至少有一定可信度,我们先接受这个观点。苏格拉底,接下来怎么讲?"

"这个问题我也问了狄奥提玛,她却又抛回我一个:我们与我们渴望的事物之间的关系是什么样的?我哀叹道:'你的问题总这么**抽象**。''得了吧!'她恼火地喊道,然后给出了答案,'我们只会渴望我们自认为还没拥有的事物。比如,如果你娶了赞西佩,你也很清楚自己娶了她,那你就不会再渴望和赞西佩结婚。'又如……"苏格拉底环视四周,试图寻找新的例子,"又如,要是索伦已经知道自己有了某一本书,那他就不会再渴望这本书了,他可能就会想要一本新书,或者希望自己永远不要失去这本书,但他渴望的内容不可能再是**现在拥有这一本书**了。"

索伦吃惊地瞪大了眼睛。

"所以狄奥提玛认为，我们渴望某件事物的必要前提是我们**缺少**这件事物。当然，这个观点并不足以解释清楚我们的问题。"苏格拉底弯起一条腿，"毕竟有些东西我们虽然没能拥有，但也并不渴望。好比我没有红色鞋子，可因为我对它没有兴趣，所以我也不会渴望一双红色鞋子。我们渴望的客体应当是我们目前缺少，而且这种缺少会让我们感到**不满足**、不完整的东西。那么，什么能让我们感到满足而完整呢？这个问题我们能回答吗？"他随意张开双臂，然后自己回答了这个问题，"我们当然能，但我要先再扯远一点儿。狄奥提玛曾与剧作家阿里斯托芬争论过这个问题。当时我们坐在一起，阿里斯托芬刚向我们讲完他有关'另一半'的故事。你们知道的，按照这个故事的说法，我们人类起初都是有四只手、四只脚的球形生物，而宙斯为了惩罚人类的自大，就将我们从中间劈开，让我们散落到世界各地。"

～♥～

生活在公元前 5 世纪末 4 世纪初的阿里斯托芬是古希腊著名的喜剧作家，同样是柏拉图《会饮篇》中出现的人物之一。在《会饮篇》中，阿里斯托芬发表了一段关于爱的演讲，讲述了本是球体的人类寻找失去的另一半的传说。但这一传说并非出自历史上的阿里斯托芬,极有可能是柏拉图的创造:他借阿里斯托芬之口讲述了这个故事,之后又让狄奥提玛驳斥了这一观点。

~ ♥ ~

"按照阿里斯托芬的说法,自那天起,变得弱小而不安的我们就带着身体被分开时留下的伤口生活着,只向往一件事情,即与失去的另一半合二为一。如果我们足够幸运,再次遇到了那个另一半,我们就会感到无法估量的幸福。我们拥抱彼此,不愿再与对方分开,尽管我们再也无法像以前那样与其融为一体,但宙斯突然萌生了一丝怜悯,给出了一个解决办法,让我们残缺的身体至少可以短暂地交融,通过融入彼此缓和我们的痛苦。在这短暂的交融时刻里,我们终于再次感到自己是完整而健全的。阿里斯托芬认为,这种对重新合二为一的追求是爱并渴望另一半的体现。"

"你就直说是性呗。"西格蒙德建议道。

"好吧,是性渴望。在阿里斯托芬看来,爱在理解他人的过程中至关重要:对另一半的渴望决定了我们的一切行为,因为只有和另一半结合才能治愈我们,让我们完整。一切渴望都是对失去的另一半的渴望。推而广之,在他看来,我们只有找回自己曾经拥有却又失落的东西,才能感到满足与完整。在他的故事中,这样东西指的是失去的另一半,但毕竟那只是一个故事,所以他也并没有完全拘泥于字面意义。我们向往的是像另一半的东西,是能还原那种原初一体状态的事物,而这个事物具体是什么样子对我们而言并不重要。"

"当然啦!"西格蒙德大喊,"与母亲的融合……原初体验嘛。"

"呃,这我可不太确定。"苏格拉底迟疑道,"然而狄奥提玛不同意他的观点,她认真地将阿里斯托芬的故事从头听到了尾,她一贯如此,然后开始反驳他:'假如那失去的另一半对你毫无价值,或者对你很糟,你还会这样渴望他/她吗?你难道不会更想摆脱他/她吗?'阿里斯托芬犹豫地点了点头,狄奥提玛继续口若悬河,'我们对待自己身体的每一部分不也正是如此吗?只有当它们对我们有**好处**、有用处的时候我们才会想留下它们或者重新获得它们。想象一下,假如你的手发炎了,病情危重,只有截肢才能让你免于败血症,在这种情况下,你很可能非常乐意接受手术,尽管术后你肯定希望能重新拥有一只手,但你想要的绝对不是之前那只发炎的手,而是一只能让你重新开始生活的,也就是对你有好处的新手。关于另一半的问题也是如此。我们当然希望变得完整,但前提是这种完整能为我们带来好处。换句话说：如果这种重获的完整不能让我们受益，那就不是真正的完整，我们的渴望也无法通过这种虚假的完整得到满足，我们依然会感到怅然若失。'我完全被狄奥提玛的论点说服了：只有当我们认为失去的东西对我们有好处时，我们才会想要回它们；如果我们不这么认为，那我们就会渴望更新、更好的东西。我们的渴望与是否拥有过渴望的客体无关，重要的是客体是否对我们有益。我们渴望的东西当然应该适合我们，但这种适合指的是我们应当拥有它们，我们**最好**拥有它们。总而言之，渴望的客体应该是我们相信自己没有，但我们认为有益的东西，对我们有益的东西。"

"那什么才是对我们有益的东西？"艾丽丝发问。

"女士们、先生们，是智慧。智慧才是正解。当然，一个未经考察的答案并没有什么意义，也很难让人记住。所以你们为什么要相信我的答案呢？因为很可惜，要对这个问题进行深入探究可能要花费我们几天甚至几年的时间。"苏格拉底回答道。

"我们有的是时间！"伊曼努尔说道，其他人纷纷点头，表示同意。

艾丽丝眨眨眼睛："苏格拉底，这可是你教给我们的，而且我们也同意你的说法。你看看我们，时间对我们很友好。"苏格拉底支吾着搪塞了起来："哎呀，现在非得狄奥提玛本尊来解释不可了。"他自言自语般嘟囔道，然后又重新打起精神，再度专注起来，"我们首先可以确定这个问题很重要，因为不是所有我们认为有益的东西都能**因为**我们这样认为而成为真正有益的东西。即便是在认定'**对我们有益**'这个问题上，我们也有可能看走眼。下一个问题：什么是智慧？智慧是一种知识状态，但拥有任意某种知识的状态并不能被称为智慧。拥有智慧就意味着理解世界终极的原则。要想理解某个事物，我们就得知道它存在的形式和原因。如果我们顺着一连串的'为什么？'一路问下去，最终就能找到可以用来解释一切的终极原因。这个终极原因或是终极原则，我将其称为'理念'，它应当是永恒不变的，假如一个原则不能做到永恒不变，那它就不是**终极**原则。我的——狄奥提玛的论点是说，只有当我们的灵魂理解了这些理念，灵魂才能获得幸福。"

"我们的灵魂？这指的又是什么？"西蒙娜追问。

"指的是我们思想、感情、渴望和精神活动的状态，也可以说是我们的自我。我的想法是，只有灵魂理解了理念，灵魂才能**真正**成为灵魂，才能从事灵魂的活动：思考、用'内在之眼'审视、控制自我、实现独立，等等。"

"没有理念，我们的灵魂就做不了这些吗？"西蒙娜继续发问，"也许没有理念的灵魂无法**正确地**进行思考，无法**真切地**看清事物，无法将自己带到一个**正确的**方向上去，但错误的思考和审视依然是思考和审视，失败的自我决定也依然是自我决定啊。"

"说得没错。我应该说得更确切些。我是这个意思：所有思考、感受、观察和控制自我的人想要的肯定都是正确地思考、感受、观察和控制自我，没人会想要迷路或者**故意**犯错，对吧？"

奥古斯丁举起了手，但苏格拉底匆忙继续讲了下去："人人都在竭力获得真理，也都希望自己做得够好。如果只有理解了理念才能做到这一点，那么不理解理念的灵魂无论做出什么努力都会失败，变成自己可悲的影子，无法真正成长。"

"灵魂举起了翅膀却没有指向天空。你之前在别的场合这么说过，我觉得你这个比喻非常合适。"艾丽丝补充道。

"对，这样说更合适。如果我们把灵魂想象成一种长着翅膀的生物，没有理念的灵魂就会像无法飞行的鸟。一只无法飞行的鸟依然是鸟，却缺乏了能让它自在幸福地生活的本质要素；与理念相距甚远，完全无法理解理念的灵魂亦然。而借助理念，灵魂则可以展翅高飞，独立自主地飞向其应去的地方。在某种程度上来说，灵魂与理念之间甚至有些相似性，因为它们都居于人们心中，在核心层面来讲永恒不变。智慧便是我们灵魂所需要的一切。我们的肉体只是加在身上的枷锁，只有灵魂才与真正的我们一致，因而智慧就是**我们**所需要的一切。"

西格蒙德大声清了清嗓子，在笔记本上记录了些什么。

苏格拉底绕了回来："回到我们的主题上来：这个结论又对我们刚才有关渴望的分析而言意味着什么呢？我们复盘一下，我们渴望的是我们认为自己缺失的，又对自己有益的事物，而之后我们又发现，只有智慧才是真正对我们有益的东西，由此我们可以得出结论，至少一切**正确**的渴望都体现出智慧的缺乏和对智慧的向往。"

"所以还存在错误的渴望吗？"马克斯皱起眉头问道。

"存在，因为人在'是否拥有'和'是否对自己有益'这两个问题上都有可能看错。如果人在是否拥有某物上看走了眼，比方说有个人坚信自己没有红色鞋子，是因为他忘了自己这双鞋就藏在鞋柜最下面的抽屉里，那么从某种程度上来说这个人就的确缺少这样一双红鞋，因为他没办法随时随地穿上这双鞋，所以他对自己没有红鞋的印象也就得到了一定的证实。但当他搞错了什么才是对他有益的事物时，这种误判就会对他产生影响。他会渴望权力、名声或金钱之类的东西，而不再是智慧，所以即便他拥有了这些事物，也不会感到满足，因为这些与智慧之间依然相距十万八千里。这些事物并非真正有益于我们，不会让我们满足，我们的渴望只会不断萦绕在脑海中，让我们东奔西走，直到最终找到智慧的方向。你是怎么想的？也许你有别的想法？"

"你这没完没了的反问可真烦人……"马克斯嘟囔道，"还有，这些东西跟*爱*到底有什么关系？"他恼火地摇摇头。

～♥～

苏格拉底以其独特的提问技巧著称。通过这种技巧，他可以让谈话对象对自己的观点进行批判性审视，打消他们的疑惑，并最终获得某种认知。他的提问技巧被称作"产婆术"，即"接生的艺术"。苏格拉底将自己视作助产士，帮助谈话对象诞下"精神之子"。我们在后文中会看到，这一技巧与他关于爱的理论也紧密相关。

～♥～

"马上，我们现在就回到爱这个话题上！"苏格拉底赶忙说，"各位回忆一下，我们刚刚说过，爱是一种渴望。和其他

35

所有渴望一样，爱同样指向智慧——停一下，停一下！"察觉到房间里响起了疑惑的窃窃私语，他赶忙伸出双手。

"当然，你们现在会想：心怀爱意的人会渴望许多东西，但唯独不会渴望智慧！我们会感到自己对另一个人的爱，脑子里会总想着对方，总想陪在对方身边，总担心对方是否平安幸福，愿意为对方付出一切。乍一看，这种感觉与追求智慧毫无关联，我也同意你们的观点。当时狄奥提玛第一次向我讲述她关于爱和智慧的想法时，我和你们现在一样惊诧。

"但她很快就让我放下心来。她向我解释，爱当然是这种对自己心仪的美丽个体的特殊迷恋，大家也都知晓爱的热烈与甜蜜，但对智慧的渴望就隐藏在这种感觉背后。当某个人的美丽能够让我们进一步接近智慧时，我们就会爱上这个人。的确，我们爱的是美人，因为美人能够启发我们。美丽的人让我们富有创造力，这种创造力不仅体现在肉体层面上，更体现在精神层面上。从某种意义上来说，他们就像助产士，帮助我们诞下我们体内孕育的精神之子，帮助我们在通向智慧的道路上前行。这一点我们接下来要详细探究一下，因为理解了这一点，我们就能明白为什么爱是上天赐予我们的礼物。你们准备好继续下一步了吗？"苏格拉底语气激动地发问，台下听众满怀期待地点头示意。

他将双手背到身后，舒展了一下肢体，继续他的讲解："那么为什么美会对我们产生这样独特的影响呢？美显然不一定等同于好看的外表，我们知道，灵魂也可以是美丽的，而且美丽的肉体也并非一定是好看的肉体。我认为，当某样事物以特殊方式打动我们的时候，我们就会将之认作为美。这种美让我们**回想起**了某样东西——它让我们想起了我刚刚提过的理念。"

"什么？！"马克斯又见缝插针地喊道。

西格蒙德紧随其后："你明明才说过，我们不了解这种理念啊。你论点里很重要的一点就是：我们在试图理解这种理念，而我们只能回想起我们见过、听过或是以其他方式了解过的内容。这你怎么解释？"

"让我来进一步解释一下。你说得很对，我们的确只能回想起那些我们已经了解、之后又忘记的事物。只要这些事物成了过去，它们就进入了一种奇怪的、悬而未决的状态：人们了解它们，但并非**有意识地**了解它们，因而也不能直接将它们从记忆中唤起。回忆是一个不受我们直接控制的过程，却也常常持续很久。"

"确实！"奥古斯丁也加入了进来，"回忆开始于一种'这个我认得'的模糊印象，因为想不起来，我们会忽然感到十分恼火，就更不确定具体内容了。这种感觉每个人在日常生活中都会有所体验：比如看到了老熟人的照片，却想不起来照片上的人是谁；忘记了熟人的名字，只记得这人自己认识。于是我们开始与注意力搏斗，直到有个名字出现在脑海中为止，但在此之前，这种不安会一直像瘙痒一样让我们烦心。"

"回忆是降临到我们身上的，不管我们怎样努力地主动回忆，最后一步还是一种不受我们控制的降临，是被动的……"坐在角落里的索伦忽然低声道。

"完全正确，"苏格拉底说，"正因如此，我们将坠入爱河也看作一种降临，是一种发生在我们身上，我们无法控制的事情。就像我刚刚说的：我们之所以会爱上某个人，是因为我们在看到他时回忆起了永恒的理念。请你们想象一下这个场景：有一个人让我们回想起了万物的起源，想起了一切事物的终极解释。当然，这只是一种隐隐约约的感觉，我们并不清楚我们想起来的究竟是什么，只是有一种感情突然袭来，让我们认为追溯这种回忆至关重要。因为理念让我们渐渐明白自己究竟是谁：使我们回忆起理念的情况指点着我们，告诉我们，我们的本质是灵魂，而作为生物，我们并不能通过拥有金钱与权力等种种世俗事物获得幸福。唯有智慧，唯有领会这种理念，才能给我们带来幸福。因此，当我们瞥见我们的爱人时,我们也隐约回想起了自我,这便是爱的开始。爱是一种向往,我们向往通过爱人对回忆追根究底,将理念从我们灵魂的深处唤起。为了保持回忆的鲜活,我们不愿离开爱人的身边;而如果唤起我们爱欲的是恋人灵魂的美丽,那么我们就会想与恋人交谈,以继续沐浴在这美的光芒之下。"

"呃,这听起来可真够……**形而上学**的。"西蒙娜评价道,紧接着又抛出了一个问题,"那要是这个回忆过程结束了会怎么样?所爱之人变得毫无用处可言,爱情也就烟消云散了?"

"这个嘛,"苏格拉底回答道,"这种回忆过程自然是要持续一段时间的,至少大部分情况下是不会在人还在世时结束的,因此即便是对爱者而言,被爱的对象也不会这么快就变得一文不值。"

马克斯从鼻子里哼了一声:"这是哪门子的爱情!"

但苏格拉底继续说了下去:"我们再确认一下,和其他所有渴望一样,爱最终指向的也是理解理念。它与其他渴望之间唯一的区别就在于实现这一目标所选择的媒介不同——爱的媒介是以其美丽吸引了我们,能让我们回想起理念的一个人。可能有一个问题你们已经想了很久:为什么理念会一直存在于我们心中?"

"可不是吗……"西格蒙德和西蒙娜交换了一下眼神。

"让我来迂回接近这个问题。"苏格拉底宣布道,"你们想想,要想开始某种渴望,就需要某种体验,比如回忆。而如果想要针对性地渴望某样事物,我们就得**清楚**地知道我们缺少它。如果我们对自己缺失了什么一无所知,就会出现虽然能通过模糊的不适感和反复出现的不满足感体验到这种缺失,却无法将自己的渴望指向某一个具体事物的情况。"

"而假如这一具体事物是智慧,那么我们对于理念一无所知的自我感知则会显得非常奇怪:要想知道自己不了解什么,那我们先前肯定对这一事物毫无认识,在这个例子中这个事物是理念,对吧?要想确凿地说'这个和这个我不了解',我就得能正确地分辨出我不了解的事物并为其命名,但这样一来不就证明我了解了吗?"

"我的天,又是你这套悖论。"马克斯几乎要从椅子上摔倒在地,但索伦急躁地冲马克斯的方向"嘘"了一声。

苏格拉底笑了起来:"没错,背后又是它,这套悖论,这套悖论——它就是不乐意放过我!有时候我会觉得'这一切都是瞎扯,肯定有更简单的解决办法',可转念一想,'不对,这背后还藏着更深层次的问题'。"他挠了挠头,"帮大家回忆一下,年轻的美诺曾经自信地拿着这个学习悖论来质问我。

这个悖论开始于一句论断，即人不可能学习已经知道的东西。除此之外还有另一个前提，即人不可能学习他尚且不知道的东西。因为要想开始学习这样东西，或者知道自己什么时候学会了这样东西，就说明人必然对其有所了解。鉴于人对世间的一切知识要么了解，要么不了解，学习也就成了不可能完成的事情；而由于我们似乎随时随地在学到新的东西，这一观点也就显得自相矛盾。"

～♥～

关于柏拉图《美诺篇》中提出的学习悖论，长期以来众说纷纭。这一悖论表明，学习新东西的可能性是很难解释清楚的。在柏拉图的对话录中，苏格拉底借这一悖论引出了他所谓的"回忆说"：不朽的灵魂早在出生之前便对理念有所认识，不过之后又忘记了，一切学习其实仅仅是让自己重新回忆起这些理念。

～♥～

"那这一点与我们的讨论又有什么关系呢？如果一个人认真地相信这个悖论，那他必然难以解释清楚为什么人可以在不了解某样事物的前提下了解某样事物，毕竟按照第二条论断的说法,我们要想将某样东西假定为'我们不了解的事物',我们就必然要对这一事物有所了解。"

"但苏格拉底,不管人家跟你谈什么,你总是在说你不知道啊……"

"我们一开始就在谈这个啊,马克斯!"索伦突然开了腔,"**正是因为苏格拉底一无所知,正是因为他知道自己什么都不知道,所以他才是爱情专家。这听起来可能也像是一个悖论,但这个悖论下却隐藏着深层的真理**……"

苏格拉底点头如捣蒜:"正是如此,谢谢你,索伦!我认为这个悖论是有解的,你能理解吗,马克斯?毫无异议,我可以说我对某些事物一无所知,譬如理念。现在解决问题的答案来了:我们在出生之前就已经对理念有所了解,只是出生之后又忘记了。而当我们隐隐约约地回忆起理念时,譬如坠入爱河的时候,我们就可以进入这种特别的状态,可以将理念界定为我们不了解的事物。在这种时刻,理念仿佛飘浮在我们面前,我们可以指着它说,就是这个!可它转眼间又在黑暗中消失得无影无踪,直到我们完全回忆起来为止。这不仅仅是渴望的前提条件,对学习而言也是如此。

"尽管我常常自称对一切一无所知,但听到现在,也许你们不再觉得我有时自称爱情专家是一种自吹自擂。索伦说得很对，这二者之间是存在联系的。实际上，所有相爱的人面临的都是相同的处境：相爱的人都想理解理念，都渴望智慧，他们**尚且**不了解任何事物，至少对世界的终极原则他们还一无所知。但作为爱人，他们知道爱是什么，因为在坠入爱河的同时，他们不仅了解到自己对世界而言根本性的无知，同时更体验到了一种较为强烈的**自我**认知。正如我刚刚试图解释的那样，相爱的人会意识到他们身处的情境和关系成了自己渴望的对象。爱是一种具有自我意识的状态，所以说正在爱着的人们都是爱情专家，我也并不是唯一的行家！"

"那你爱谁呢，苏格拉底？"奥古斯丁忽然发问，除了索伦，其他人都大笑起来。

"啊，我要从谁说起呢？"苏格拉底回答道，"我总在爱上别人。"

"你就别藏着掖着了。柏拉图？"奥古斯丁打断了他。

"柏拉图……嗯，我爱柏拉图，谁不爱柏拉图呢？"苏格拉底轻轻歪了歪头。

"狄奥提玛！这还用说。"艾丽丝发话了。

"那你妻子赞西佩和孩子们呢？"西蒙娜问道。

"阿尔西比亚德斯！"索伦忽然激动地大喊。

43

"没错！"其他人也跟着喊道。

～♥～

阿尔西比亚德斯生活于公元前5世纪，与苏格拉底交往甚密。作为雅典的政治家，他的名声毁誉参半。在柏拉图的《会饮篇》中，烂醉如泥的他发表了一篇激情洋溢的演讲来称颂苏格拉底，向他坦白了自己的心意，并向与会宾客表达了自己对苏格拉底冷淡态度的不满。面对他的埋怨，苏格拉底冷静地拒绝了他。

～♥～

众人声音越来越大，苏格拉底一时不知该说些什么好。伊曼努尔从座位上起身，试图让大家安静下来。

"朋友们，让我们回到哲学问题上来。"他请求道，"苏格拉底，根据你的论点……呃，**狄奥提玛**的论点，相爱的人知道他们不了解所谓最重要的终极理念。更准确地说，他们知道自己不理解这些理念。那这个说法是不是反过来也成立呢？也就是说，所有知道自己不理解理念的人都在爱着别人？如果这也成立的话，那通往智慧的道路只有美丽的人这一条，爱也就和渴望完全一致了，至少和正确的渴望别无二致。"

"这个嘛……"苏格拉底思考了一会儿,"我觉得的确如此。如果说我们必须通过回忆才能意识到我们虽然不理解理念,但我们想要理解,而且**必须理解理念**;如果说只有美才能在我们心中唤起这种回忆,如果说人类是美的唯一载体,那么我们确实只有通过爱才能意识到我们的这种缺乏。"

"可人类**是**美的唯一载体吗?"伊曼努尔继续问道,"你刚才可没谈到这一点。"

"的确,我是略过了这一点。但从我的感觉出发,我认为只有人是美的,特别是人的灵魂。灵魂的产物也是美的,譬如数学证明、科学理论、音乐作品,等等。这些人类的创造都可以称得上是美的,也都能让我回忆起理念。但荒无人烟的大自然、植物和其他动物却不能做到这一点。为了防止你们指责我随意将个人体验普遍化,我可以这样向你们解释:从某种方面来看,人类的灵魂比大自然中其他任何事物都更接近终极理念。尽管人类的灵魂已经忘记了理念,但这种忘记并非永远、完全的遗忘,而是可以再度回忆起来的。人类灵魂与理念之间这种内在的接近在人们渐渐感知到理念时体现得尤为明显。换言之,当人们沉浸在回忆过程中时,他们就会显得格外美丽,他们离理念越近就越美丽。你们也知道,理解理念的人会与理念变得相像,这就意味着他们的外在与行为在这种状态下同样会唤起他人对理念的回忆，因此真正的爱情也会带来对方的爱！当相爱中的一方因看到所爱之人而渐渐理解了理念时，他们也会忽然变得格外美丽，使得对方也爱上他。他们渴望彼此，通过哲学对话践行他们的爱。他们想要一同理解世界的起源。"

"这样的话岂不是我们所有人都会爱上同一批美丽的、让我们理解理念的人？然后又会引发一系列连锁反应，最后我们所有人都彼此相爱了！"奥古斯丁思忖道。

"比如全体爱人组成共同体？"苏格拉底好像很喜欢这个设想，"从理论上讲，这完全有可能。但要想看到一个人灵魂的美丽，我们显然需要和他近距离接触，而实际上能和我们如此亲密接触的人少之又少。"

"你说，相爱的人们能不能做到不用语言'交谈'？比如用眼神、用拥抱，或是通过做爱？"艾丽丝发问，"相爱的人可以在许多层面进行交流，比如通过触摸、动作或是其他方式，不一定非要用传统的对话方式吧？！"

"如果他们可以不用语言谈论理念的话，那当然可以。"苏格拉底回答道。

艾丽丝点点头，伊曼努尔埋头记笔记，一时间餐厅里一片寂静。然后西蒙娜开了口：

"在你看来，没有得到回应的爱就不是真正的爱……嗯，你这倒是躲开了不少伤心事啊，苏格拉底。但我还有问题想问你：你不是诱惑他人的大师吗？你刚刚只讲了你故事的一部分，只展示了作为恋人的你是多么脆弱而无辜，可实际上你却常常让**别人**爱上你，让他们为你陷入痴狂。我看人们还是应当提防着你吧！"

"西蒙娜……伤心事嘛，"苏格拉底思索着看向地面，"也许你说得有道理，但我想在座的其他人应当比我更了解这个话题。至于你的第二个问题，我觉得这和我们之前谈到的内容有直接关联。我的确认为真正的爱应当得到回应，因此我并非一个单纯的爱人，而同时如你所说，我是一个引诱者，但我的动机并不邪恶，我付出的爱也是真实的。如果我的观点没错，那我倒是帮了我爱的人一个大忙，因为我让他们回忆起了理念，从而帮他们打开了通向幸福的大门！"

"我就知道你会这么说。"西蒙娜不为所动地回答，"但我不确定你每一次付出的爱是不是的确都这么真实。"

苏格拉底的脸色显得有些苍白。

房间里的寂静持续了漫长的一秒，然后伊曼努尔站起来宣布道：

"休息时间到。如果各位想出去透透气，大门是开着的。

47

在你们离席之前，请允许我对重点进行一下总结。"

"典型的伊曼努尔作风。"西格蒙德翻了个白眼。

伊曼努尔并没有动摇："如果我有什么地方理解错了，请各位指正。苏格拉底……**狄奥提玛**认为，爱是一种对另一个人的渴望，这种渴望可以帮助人们走上通往智慧的道路，因为一切渴望指向的都是对我们有益的事物，指向的都是幸福，而幸福存在于智慧之中。一个人理解了世界的终极原则，也就拥有了智慧。终极原则可以向我们揭示万物存在的形态及其背后的原因，他……**她**将之称为理念。但这并不等同于我们会爱上特别有学问的人。我们更多地是爱我们认为美丽的人，因为美会让我们回忆起上述理念。理念并不能通过传授的方式灌输给我们，这显然行不通。实际上，我们出生之前便对理念有所了解。阿里斯托芬的想法以另一种形式得到了体现：我们渴望的是我们拥有过的事物。尽管如今我们已经忘记了理念为何物，但在他人的推动下，却依然可以从内心深处唤起关于理念的记忆。通过与爱人相处，特别是与爱人进行哲学对话，我们可以保持这一回忆的鲜活，从而逐渐理解世界。爱着别人的人**知晓**自己并不了解理念。作为爱人，我们能够理解自己的境况，也知道自己是在爱着别人。正因如此，作为爱人的苏格拉底既可以说他知道爱情为何物，也可以说，归根结底他一无所知，或者至少对值得**知晓**的事物一无所知。这样一来，起初听起来自相矛盾的观点也就显得没那么矛盾了。这一论点反过来也同样成立，即所有知道自己不了解理念的人都在爱着别人。这样一来，在不了解与爱之间就形成了一个美丽的循环，因此一切哲学家都在爱着别人，而一切爱着的人也都是哲学家。"

伊曼努尔显得有些疲惫："哎呀呀！"他感叹道，从牙缝里发出吱吱声，盯着面前的空气，仿佛可以看到思想的大厦正在眼前真切地摇晃。他将稿纸端正地摆在面前的桌面上，钢笔不偏不倚地竖直放在稿纸旁边，然后站起身来。苏格拉底又将自己裹进毯子里，踩着轻快的步伐走下讲坛。

"还有一件事儿：休息之后谁继续来讲？我在想西格蒙德也许可以……"正准备离开餐厅的伊曼努尔走到一半忽然说道。

"**我来**！"马克斯语气坚决。和坐下时一样，他起身时闹出了很大动静。西格蒙德说了句"请自便"，但马克斯并没有予以回应，径直离开了餐厅。

"他这又是唱的哪出？"奥古斯丁感到困惑，但他的问题淹没在椅子挪动造成的嘈杂声中。伊曼努尔跑进了厨房，查看午饭的准备情况。

第三章

被爱者的不可替代性

马克斯·舍勒引证了被爱者的不可替代性,众人由此开始了一番讨论。

"苏格拉底,照你的说法,对爱者而言,他们所爱的人只不过是一种达到某个目的的手段,除了帮助他们走向智慧别无他用。要这样说的话,那被爱者是完完全全可以被替代的!因为我如果将某样事物视作一种手段,那就只会在它能满足我的需要时认可它的价值,却不会认为这件东西本身是有价值的。因此,我可以随心所欲地用其他能以相似效率达到目的的事物替换掉它,要是能找到更好用的,我甚至会更加高兴。"

　　马克斯声如洪钟,飞快地说了上面那一大串话。他匆匆换了口气,接着大声宣告:"但爱着的人是永远不会替换掉他的恋人的!至少不会以这种方式!如果面前同时站着他所爱之人和一个差不多的陌生人,他不会觉得选谁都**无所谓**,也不会认真考虑是不是还存在更好的恋人人选,否则他就没有真正地在爱着别人。因为真正陷入爱河的人会认为自己的恋人是**不可取代**的。"

他抹了抹嘴,从伊曼努尔递过去的水杯里喝了口水。

"想想那些爱孩子的父母,他们绝对不愿意用与自己孩子相似,甚至是在某些方面'更好'的小孩换掉亲生骨肉。假如有人愿意这样做,我们必然会毛骨悚然。你们想象一下:如果父母只因为能得到一个更漂亮、更聪明,甚至晚上睡觉更老实的孩子,就将亲生骨肉拱手相让,那我们完全有理由怀疑他们爱的真实性。这个道理适用于刚刚苏格拉底谈到的情欲之爱,也适用于深切的友谊、兄弟姐妹之情等不同形式的爱。爱别人的人都有一个共同点:他们不会出于比较性质的价值判断而随意替换自己爱的人。"

"我也没有只谈某一种爱,"苏格拉底礼貌地反驳,"爱子女的父母会通过孩子回忆起理念,朋友亦然。我认为不存在不同形式的爱,爱就是爱……"

"不管怎么说,"马克斯不耐烦地回击,"依我看,你就是没法解释被爱者的不可替代性。更糟糕的是,按照你的理论,爱别人的人在原则上就是想用同样能让他回想起理念的人替代自己的爱人。比方说,假如狄奥提玛和……让我想想说谁比较好呢……假如她和美人海伦一样漂亮,那对你来说和她俩谁交往其实都**无所谓**。但显然你爱的是狄奥提玛,这种假设听起来就很荒谬了！难道不是这样吗？"

"嗯……"苏格拉底来回晃着脑袋，"这我还得再想想，马克斯。不管怎么说，这点很重要。"

"你确定吗？"西格蒙德讥讽地反问，"这点真的这么重要吗？我可说不好……要是事情真像马克斯说的这样，那这世上可能也就不存在'真爱'了。"

索伦惊愕地看着西格蒙德，伊曼努尔插了进来："等一等，西格蒙德。我们再详细问问马克斯。我还是不太理解他所说的不可替代性是什么。"

马克斯固执地抬起头："你想知道些什么，伊曼努尔？"

"首先我们需要解释一些概念。照你的说法，对于爱者而言，被爱者是不可替代的，但你的意思肯定不是说，我们这辈子就只能爱一个人吧？你指的应该不是排他性……"

"哦，不是，当然不是！人当然可以同时爱不止一个人，有好几个孩子的父母就是非常显而易见的例子，也有很多人有许多朋友，而且人甚至可以和许多人同时发展浪漫关系。在上述这些情况下，对于爱者而言，这许多个被爱者都是不可替代的，爱者不会愿意用别人替代他们，更不愿让他们彼此之间相互替换。"

"你说的不愿替代是什么意思？"

"我给你们讲个小故事吧。你们想象一下，你们有一个小孩，有一天，这个孩子被绑架了，你们在邮箱里找到了绑匪留下的一封信。绑匪在信中表示，他们并不打算把你的孩子还回来，但他们在摇篮里给你们留下了另一个和他极为相像的小孩。尽管这两个孩子看起来几乎一模一样，但你们依然会因为失去了自己的孩子而伤心欲绝。也许随着时间的推移，你们也会爱上第二个小孩，但对这个小孩的爱并不能抵消失去头一个孩子给你们带来的损失，正如第二个孩子的出生无法抹去第一个孩子夭折带来的悲痛一样。在某些情况下，第二个孩子也许可以让我们与这种痛苦更好地相处，却无法为我们带来完全的弥补。

"如果我们丢了些钱，那这种损失可以通过获得同等面值的钱得到弥补，与丢钱之前相比，我们口袋里的钱一分也没有少。但失去孩子是无法被弥补的……我们只能学会带着这种损失继续生活。

"不仅失去孩子如此，失去我们所爱的其他人也一样。没有事物能够弥补失去他们给我们带来的损失，他们无可代替。因此，所爱之人的死会让我们的生活完全失控。当我们在报纸上读到某个陌生人去世的消息时，我们也许会有所触动，中断正在进行的事情，但不会需要再去努力地重新学会正常生活。"

"但有时我们也会离开我们的爱人呀……"

"当然了！"马克斯看起来有些恼火，"我想说的也不是哪怕他们无法共同经营日常生活，爱着别人的人也永远不会离开他的恋人云云。首先，'离开'有很多层含义，并不是所有离开都会导致失去；其次，**即便**爱着别人的人必须做出让他失去恋人的决定，这一决定也与他的爱并不冲突。想象一下，我们面临着这样的抉择：如果我们不与恋人分开，有一座住着成千上万人的小岛就会沉入大海，在这种情况下，出于道德的考量，我们必须接受失去恋人的现实，而做出这一决定的爱者也不会因此低其他爱者一等。这甚至意味着他清楚地知道自己的恋人无可替代，却依然心甘情愿承受了分离的痛苦。要义在于，恋人的不可替代性是爱的一部分，正因如此，面对自己的爱人和一个与之颇为相似的陌生人，爱者才不会觉得选谁都无所谓。如果某个理论将爱视作一种对功用大小的比较，那它就暗示着恰恰相反的结果，因此这一理论必然是错误的。爱不是对功用的权衡，恋人也不是用来实现目的的工具。就是这样，完毕。"

～♥～

和其他学科一样，哲学也常常使用所谓的"思维实验"来测试我们对调查对象所抱持的惯有想法：人们会设想出一些特定的情境，有时甚至是一些完全不现实的情境，来检验自己对这一情境做出的反应。根据自己所支持的理论以及对实验适用性的评判，哲学家会使用实验结果来支持或驳斥某一论点。

～♥～

"你这番批判针对的不只是苏格拉底一个人的理论。"伊曼努尔说，"假设一下，帕里斯因为海伦的美貌爱上了她。他爱她的美貌，但并不是因为他将美视作帮助自己获得智慧的手段，而是仅仅出于对美的喜爱，别无他由。但这样就无法解释为什么他在能得到同样漂亮的……呃……狄奥提玛的前提下依然会因为失去海伦而深受打击。换句话说，所有认为爱就是对恋人特质进行价值评判（或至少将爱情仅视作价值评判）的论断都与恋人的不可替代性之间存在矛盾。"

马克斯几乎从椅子上蹦了起来："没错！爱不是功用权衡，更不是对恋人特质的任何评判。在我能想到的各种判断背后，比如觉得恋人很美、很幽默，或者其他评价，都存在着有关不可替代性的问题。试图用特质的独一无二解释这一问题同样于事无补：人们身上真正独一无二的特质少之又少，其中也许还要算上个体独特的时空坐标，如果某人喝汤的方式和其他人不同，这可能也勉强可以算作独一无二，但这些特质不足以解释爱情，因为它们并不是特别有价值。为什么我会爱上一个人？就因为这个人在某个特定的时间出现在了某地？或是因为这个人喝汤的方式非常独特？不，从这些理由中我们可以得出结论：爱绝不是苏格拉底想骗我们相信的那样。"

"可是苏格拉底口中的爱也不是这样的价值评判啊……"艾丽丝发表了自己的意见，却被打断了。"那爱到底是什么？"西蒙娜问道，"爱也不可能完全脱离恋人身上的特性而独立存在啊。你想想罗密欧与朱丽叶，他们爱上彼此与他们认为对方极具魅力显然是脱不开关系的！罗密欧有着优美的臂膀和如梦似幻的眼神，而朱丽叶则有柔软的双唇，一举一动也如流水般优雅流畅。认为爱者不会在乎自己的恋人是什么样的人，这种设想也太奇怪了。尽管我自己没有孩子，但我认为这点对父母之爱同样适用。在父母眼中，自己孩子的奇妙之处无可衡量，做父母的最爱的就是自己孩子的笑声。我认为这些特质也是爱重要的组成部分。"

"我也不是想否认这点！"马克斯急切地点头，"爱能看清恋人身上的特别之处。的确，爱能展示被爱者真正的自我，显露出此前隐藏着、被包裹着、尚沉睡着的特质。爱……爱是一种运动！"马克斯挥舞着胳膊，"是一种指向恋人身上更高价值的运动。"

西蒙娜看起来颇为怀疑："能解释得再清楚点儿吗？"

"怎么个清楚法？！"

"你说的'运动'是什么意思？挥舞胳膊那种运动吗？我看应该不是。你说的应该是一种精神层面的运动，但那又是什么样的运动？恋人身上具有价值的特质在其中又扮演着什么样的角色？以及，说到底，为什么**这**就能解释恋人的不可替代性？"

马克斯急得直喘粗气："我还能怎么形容呢？精神层面的运动就是……"他搜肠刮肚，寻找合适的说法。

～♥～

在《同情的本质与诸形式》和《伦理学中的形式主义与质料的价值伦理学》中，马克斯·舍勒将爱认定为一种指向恋人身上更高价值的运动，这种更高价值首先要通过爱显露出来。关于"运动"的具体内涵长期存在争议，因为在舍勒看来，这种运动发生于感知到这种价值之前，即爱者并非先感受到这种尚未实现的价值的存在，然后再在精神层面向其进发，而是恰好与之相反，运动超前于感知发生。爱在这个过程中占据着首要地位。

～♥～

艾丽丝帮了他一把："就像将注意力转移到某物上？"

"但更高的价值要先通过爱显露出来，"马克斯听起来有些紧张，"也就是说，我得先去爱，然后才能将注意力集中到这更高的价值上……"

众人似乎有些迷惑，沉默了一阵子，直到艾丽丝再次开了口："马克斯，我不太确定我们到底该怎么理解你提出的这种运动，但我觉得这个将爱与视角转换联系起来的想法很有意思，也就是说忽然之间，人们可以以一种对恋人更公正的视角看待他们。这绝非易事，毕竟我们对生命中大部分人的感知往往都是扭曲且片面的。我们以自我为中心的兴趣主导着我们的注意力，让我们只能注意到符合这种兴趣的事物，而爱的眼光则完全不受这种自私兴趣的影响，它仁慈宽容、不带成见、慷慨大方、明亮透彻。

"如果我们这样理解爱情,那爱就不可能完全脱离恋人的特质而独立存在,因为爱别人的人看到了恋人身上的优点,或者用马克斯的话说,他们在朝那个方向运动。但特质并非爱情产生的理由:人们并不是先看到特质,做出判断,才因此坠入爱河。恰恰相反,因为人们彼此相爱,他们的目光才会落到对方身上,才能学会真正看见自己的恋人。

"当然,这并不能解释恋人的不可替代性,但至少在这个理论中不至于出现同样的解释**困境**:如果说恋人的特质并不是爱情存在的理由,那施爱者也就不会因为来自理性的压力而接受与恋人相似或比恋人更好的个体,将之作为可能的替代品。"

伊曼努尔埋头做笔记。苏格拉底用手托着下巴,陷入沉思。西格蒙德挑起了眉毛。奥古斯丁向窗外望去。索伦紧张地用笔敲打着桌面,似乎在全神贯注地思考着艾丽丝刚刚的一席话。马克斯一只手揉着头发,另一只手在笔记本上潦草地写着什么。艾丽丝看向再次开口发言的西蒙娜,听见她说:"好吧,这倒是有可能。但第一,这个解释还是没有给'人们为什么会陷入爱河'这个问题找到答案。如果说恋人的特点不是爱的理由,那什么才是?或者说爱根本就没有这种狭义上的**理由**,而只有可能存在的原因?"

"这二者之间有什么区……?"伊曼努尔的思路卡住了。

"我这里说的理由指的是从恋人的视角可以支持爱的存在,从而证明爱的事物。"西蒙娜解释道,"而原因可以直接对恋人产生影响,不必让他们也跟着一起思考。假如我们对某个状态确信不疑,我们通常都能给出理由。比方说,我们之所以确定外面在下雨,是因为我们听到了雨滴打在窗玻璃上的啪啪声。从我们的角度来看,这雨声证明了外面的确在下雨,也支持了我们确信外面在下雨的论断。但也有一些状态我们无法给出理由,比如生病或是其他类似的情况:我们得了流感,并不是因为从我们自身的角度来看有相应的原因,而是因为我们的身体在真真切切地和我们不知道从哪里染上的病毒作斗争。我们感染了病毒只是原因,而非我们得流感的理由。我之所以说'只是',是因为理由也有可能是原因,但它们是其中特殊的一类,因为它们只有通过主体的思考行为才能产生影响。我解释得够清楚吗?"

～♥～

在当代有关爱的哲学讨论中,一大重要问题便是爱究竟是只有原因还是存在理性理由。假如爱有理性理由,那原则上我们就可以将爱评定出对与错。而如果爱只有生理性原因，我们就不能对爱进行理性批判。一些理论认为，恋人身上一些特定的、有价值的特质是爱产生的基础，这些理论体现了典型的理性主义思想，也因此面临着有关不可替代性的难题。尽管非理性主义的主张通常不会面临这一难题，但也会遇到其他需要解决的问题。例如，即便我们假定爱与特定的价值判断毫无关系，这一说法也不能让人信服，因为如果的确如此，那所有价值判断，甚至是认为恋人毫无益处、毫无价值的判断，都可以和爱协调共存，这未免显得有些奇怪。

～ ♥ ～

"你的解释很有帮助。"这声音来自伊曼努尔，"你刚刚说了'第一'……"

"哦，对，还有第二点。"西蒙娜接着说，"第二，如果我们不只是试图绕开关于不可替代性的问题，而是试着对它进行深入解释，应该可以对接下来的讨论很有帮助。马克斯刚刚提到了时空坐标，他并不认为恋人曾在某时某地停留的经历对爱有着重要影响，但我认为他否认的这个想法并不荒谬。相爱的人之所以认为彼此无可替代，是因为他们有与彼此共享的独特**故事**，这完全说得通。马克斯例子里的父母和被绑架的孩子之间有共同经历的故事，但与第二个孩子之间却没有这样的故事，因此无论这两个孩子如何相像，这对父母也只会想要**他们的**孩子。苏格拉底和狄奥提玛有过一段相处经历，但和海伦没有，因此尽管海伦与狄奥提玛同样美丽，苏格拉底喜爱的依然是狄奥提玛。我们能不能沿着这个方向继续想下去呢？按照这个思路，爱人们共享的故事与经历就是他们爱的理由，或至少是诸多理由之一。你们怎么看？这个思路会不会太跳跃了？"

"很有意思。"伊曼努尔表示，"但我觉得'故事'的定义还要更确切一些，毕竟从某种意义上来说，我们和这个星球上生活的**每**一个人都有一段故事。"

"的确。"艾丽丝附和道，"比如我们和马克斯刚刚那个例子里的孩子。我们来想想故事里的第二个孩子：他在我们身旁醒来，感到万分迷惑，他并不认识我们，也许还会号啕大哭。而我们会将他抱进怀中，等我们完全清醒过来之后还会给他做早餐。与此同时，我们仍在惦记着自己的孩子，更不用说失去孩子的事实让我们的心情无比沉重。但我们并不能丢下这个新来的孩子，我们现在必须照顾他。他有没有父母？他的父母在哪里？我们和他的故事可以一直持续下去。"

"我们和素昧平生的人甚至也可以有一段故事。"伊曼努尔接过话头,"我们和他们从未谋面,这可以算是一段故事,他们就住在我们的家东面一千千米开外的地方也算是一段故事。鉴于故事这样随处可见,只靠它们的话我们很难给爱和不可替代性提供理由。所以你指的是什么样的故事呢?"

"你们说得有道理,"西蒙娜回答道,"我们应当对这个理论进行补充说明,在这里我们探讨的并非任意一个故事,而是那些我们亲自参与塑造的故事,那些我们希望能继续发展下去的故事,那些对我们有意义、有价值的故事。"

"嗯,确实应该这样。"伊曼努尔点头同意,"但下一个问题来了:我们要如何对故事进行确切的分类界定,从而让不可替代性从中体现出来?"

"什么?我不太明白……"马克斯插了进来,摇了摇头。

伊曼努尔重新解释:"我们现在要找的是一种爱的理论,通过这种理论,我们可以解释为什么失去爱人的痛苦无法通过其他任何事物抵消,为什么对爱者而言恋人完全不可替代。对我而言,未必所有与我有故事的人或事都不可替代,即便我们之间的故事很有价值也未必如此。比如,角落里那架旧钢琴,我对它有很深的感情,如果可能的话,我也会一直留着它。但如果我某一天失去了它,我也并非完全找不到它的替代品，总有些东西能弥补我失去旧钢琴的损失，得到它们带给我的快乐和我从旧钢琴上获得的快乐几乎相同，甚至更多。假如我能用那架旧钢琴换来我母亲的第一把小提琴，那我肯定会非常高兴。同样都是有价值的故事，我与旧钢琴的故事和我与爱人共享的故事之间有什么分别呢？"

"你的意思是说，单靠有价值的故事依然无法对恋人的不可替代性进行充分解释，因为我们有可能和他人共享一个有价值的故事，但我们不一定会认为他们是无可替代的。"西蒙娜解释道。

"没错，而且我感觉我们现在是在原地打转。依我看来，这种故事本应该向我们解释不可替代性的原因与表现，要想达到这一目的，这故事本身应当也对我们有着**不可替代**的价值。但这一理论无法帮助我们更进一步地解决这个问题，让我们又回到了起点。对我们的论证目的而言，与恋人共享故事这一条件显得没那么具有说服力。"

伊曼努尔环视众人，视线最终落在了奥古斯丁身上："你究竟是怎么想的？"他发问道。奥古斯丁终于从窗边转过头来，他面朝桌旁，正准备发言，却被西格蒙德抢了先：

"我们没法为此找出解释，这我一点儿都不奇怪，因为这种现象压根儿就不存在。我们要是真的相信恋人在这一意义上无可取代，那我们就上了傻瓜的当，这完全是一种自我欺骗。"

"你真这么想吗？！"索伦忽然开了口，他向前探出身子，几乎趴在桌面上，"要是有人不相信爱情，怀疑爱情，那才叫自我欺骗呢！如果不相信爱情，人就一无所有了。"

"我相信爱情，只是不相信恋人的不可替代性罢了。"西格蒙德从容地回答，"爱并没有你们想象中那么不食人间烟火，它是很接地气的。当某个人成了我们欲力指向的对象，我们就会爱上他/她。作为一种驱动力，欲力的目的很简单，就是欲望。当然，要解释这一点终究还是比看起来复杂得多，因为欲望的产生与我们对于发展、对于**生命**，甚至对于知识的追求都有关系，在最后这点上我和苏格拉底想法一致。父母拥抱我们，用母乳喂养我们，给我们保护和安全感，这种与父母在身体上的亲密接触是我们人生中第一次，也是对我们影响最深远的一次欲望体验，这绝非偶然。你们想想依偎在母亲胸前吃奶的婴儿，想想母亲温暖的肌肤、香甜的母乳、饱足的感觉，还有母亲的眼神、声音和她对孩子的专注。这一切都让我们不断成长，让我们最终成为**自己**。欲望是一种至关重要的冲动。但无论如何，具体的爱的对象自然是可以替代的，替代它的是能让我们的欲力得到相似乃至更大满足的事物，是能唤起我们相似或者更强烈欲望的事物。当然，当我们沉浸在爱情中时，我们的感觉可能会有所不同，爱总会拔高恋人的形象，让我们以为他们是不可替代的，但这不过是一种幻觉罢了。"

马克斯看了索伦一眼，仿佛想让他帮自己说句话。

"那我们要怎么确定现象是真实的还是虚幻的呢？"艾丽丝喃喃自语。但没有人回答她的问题，因为奥古斯丁先开了口：

"别这么着急，西格蒙德。关于不可替代性还有解释的空间，我们倒也不必这么快就灰心丧气。在讨论的一开始，你们提到了一个很有用的概念，但之后大家就都忽略了它，那就是'**目的本身**'。马克斯说得很对，我们认为可以被替代的一切事物都是我们用来实现其他目的的工具，但这种可替代性对在我们看来本身就有价值的事物而言并不适用，也就是说，这些事物的目的在于其自身。我们认为它无可替代，因为我们并不是为了得到其他东西才想要它，而是说我们想要的就是它。不是它的事物自然无法替代它，世界上也没有第二个它！"

奥古斯丁微微一笑，继续解释道："拥有目的本身和拥有有价值的特质显然不是同一回事，不然就像伊曼努尔刚才说的那样，这一目的也可以被拥有相同特质的事物取代了。假如美丽的狄奥提玛是目的本身，那肯定不是单纯地因为她的美貌本身有价值，而是因为她自己就有价值。我们可以这样继续想下去：在爱者看来，被爱者是不可替代的，因为爱者将对方视作目的本身。这听起来要比现实情况简单得多，而实际上情况更加复杂，我也一直在想，到底要怎样给出理由，才能证明一个人就是目的本身。这个问题存在客观理由吗？还是只有纯粹的主观理由？只因为某人自身而渴望那个人又是怎么一回事？我们渴望的到底是什么？对方的存在？或是与对方亲近？

"实话实说，我认为只有上帝是这样的目的本身，也就是说，只有上帝能被我们真正视作不可替代对象，被我们这样爱着的只有上帝。我们的目的是接近他、认识他，也就是认识一切、理解一切，仅此而已。其他的一切要么对我们毫无用处，要么不过是实现这一目的的工具。这一点对我们的爱情、友情和亲情也都至关重要：我们不应当将其他人放到上帝的位置上，只要他们能帮助我们更接近上帝，比如能帮助我们理解上帝，我们就应该和他们交往。谁要是忘记了这一点，那他就注定要在寻找本源的道路上浪费精力。"

伊曼努尔听得很认真："继续对这些独特目的进行思考，

这可真是个好想法！嗯，应该会很有收获……但我认为每一个人都是目的本身，而不只有上帝是。正因如此，每一个人都拥有尊严，而尊严的内涵就是不可替代：当一个人不能被其他与他相当的人替代时，他就拥有了尊严。正是这一点将人和其他有价值的事物区分开来，人也因此得到了尊重。但是……也许爱情也是如此？或者说，尊严至少能让爱得以实现？毕竟人们无法爱上没有尊严的事物，因为它们是可以被替代的！当然，我们还需要将尊重与爱区分开来……这二者显然是不一样的。"

伊曼努尔的最后几句话仿佛自言自语，他一边说着，一边继续做着笔记。西蒙娜推给了他更多的稿纸。

"等一下。"马克斯说，"在你看来，人因其理性而拥有尊严，所以不可替代，但我一直认为这个想法完全站不住脚。按你的说法，难道我们只有在拥有理性的情况下才会爱上别人？"他大笑起来，"我可想不到比这更冷酷无情的想法了！人们可不会因为恋人会算一加一等于二就爱上对方！好吧，可能你会……但那也不过是哲学家的职业病罢了。"

伊曼努尔面带嘲讽，神色中却又透出一丝受伤："马克斯，你完全误会了我所说的理性是什么。"他冷静地说，"但它们和我们现在讨论的话题无关，至于我们怎样具体解释人的尊严这个问题，我们也先放在一边。在座的各位中也许有人会认为这个问题没什么好解释的，因为我们在与他人的互动中就能**体验**到他们的尊严所在，这种体验是我们与他人之间的关系中重要的组成部分，对我们的自我形象也有一定的影响，等等。这个问题很值得我们仔细斟酌一番，但我们改天再谈，眼下最重要的是搞明白这些思考对我们寻找恋人不可替代性的解释是否有帮助。也许这个问题的解释就是'爱和尊重之间有着密切的联系'，也就是说，和尊重一样，爱可能与每一个人**作为人**所拥有的尊严之间也有相关性，而爱与尊重之间的不同则仅体现在关系的**形式**中。"

"嗯，"西蒙娜思考了起来，"爱当然要比尊重激情洋溢得多，爱往往与向往伴生，我们甚至可以说爱**就是**一种向往，向往爱人的陪伴、向往爱人的身体、向往爱人的灵魂。而且与尊重相反，这种向往并不受道德的强迫：我们有尊重他人的义务，但我们没有去爱他人的义务，不是吗？"有些人摇了摇头，其他人则看起来不太确定。

西蒙娜继续道："正因如此，将爱和尊重之间的区别搞清楚至关重要。但抛开这一点不谈，我还是没完全想明白到底要怎样解释恋人的不可替代性。假如我们顺着这个思路想下去的话，我们认为被爱者在爱者看来不可替代，和受尊重者在尊重他人者眼中不可替代的背后有着相同的原因，即他们的尊严。因为拥有尊严就意味着这一个体是目的本身，所以这一个体是不可替代的，这一点适用于所有人。但这样我们还是没能解释清楚一个问题：恋人为什么能以一种**特殊**的方式让爱他们的人认为他们与其他自己尊重但不爱的个体有所不同，认为他们无可替代？和失去所敬之人的感受相比，失去所爱之人的悲伤截然不同，也更让我们心碎。这才是我们想要解释的问题。或许我们甚至可以说，对于爱着别人的人而言，恋人只是在主观上不可替代，而尊重则更像是具有客观上的不可替代性？"

苏格拉底陷入了长久的沉默。他中途几次站起身来活动手脚，然后忽然插话道：

"啊哈！我亲爱的朋友们，自从马克斯提出这个问题，我就一直在想：他说得对，他说得对。不管是我以前爱过的人，还是我现在依然爱着的人，在我看来都是不可取代的。即使我看到别人身上有与他们相似或是比他们更好的特质，我也不愿意拿他们去交换世上任何一样东西，想到有可能失去他们，我的灵魂也会郁郁不乐。在我还年轻的时候，我的看法和西格蒙德很像，我认为这种感觉是不理性的。我那时常常与狄奥提玛在一起，她对泛滥成灾的感情厌恶至极，因此我也不愿意让自己显得过于感情用事，但也许我在这一点上误解了她，做得有些过头。但不管怎么说，对她而言，最重要的是知道**我**的想法和**我**对她带领我思考的问题的看法，对于**其他人**怎么想，她并不感兴趣，假如有一个和我**一模一样**的复制品站在她面前，她同样不会关心他的想法。她想听的只是我这个苏格拉底的看法，而不是其他人的。至少在这方面我对她而言是不可替代的……她认为我的声音很重要。我认为我正是这样在她身边学会了尊重我自己的声音——在自己的灵魂中寻找答案，认真地思考。

"我现在有种预感，狄奥提玛的态度背后必有深意。无论如何，一个灵魂对**另一个灵魂**而言都是无法取代的。因为如果我们**作为**灵魂面对另一个灵魂，比如与他们对话，那我们就不再是具有特质的客体，而是可以积极行动的主体。我们不再仅仅描述彼此，而是开始与对方互动。"

"苏格拉底？！你还好吗？"马克斯问道。

"啊哈，又是狄奥提玛……你跟这么个虚构人物之间的关系还真是复杂！"西格蒙德断言道。

苏格拉底盯着毯子："在相处中成为主体，也就意味着我们会陷入行动与回应交织成的回旋游戏中，因为我们要将对方也看作**自由**的主体，无法提前确定对方的一举一动。自由的主体在将来的行为具有开放性,他们随时可能改变自己的立场和看法。因此,我们不可能对对方进行描述,而描述也绝非这种互动的目的。即便是在人们此时此刻说的话中,也隐藏着这样的条件:'我目前对自己的看法如此确定,是因为我对自己观点的正确性有信心。只要我之后有理由产生怀疑,我就可以改变自己的想法。'如果我们这样与其他人相处,那我们认为他人不可替代也就毫不意外了:没有描述也就没有比较,没有比较我们也就不会想要将面前的人和与他们相似或是比他们更好的'候选人'交换……我们感兴趣的不是他们存在的状态,而是他们的行为。"

"这听起来可很是存在主义啊!"西蒙娜高兴地双手叉腰,"谁能想到呢?欢迎你入伙!这事儿我可一定要讲给让-保罗还有其他人听。"

"在我刚刚的论证中,我将对另一个人的爱理解为是一种对和他/她进行哲学对话的向往,因为这样我们就能不断接近智慧。现在我依然坚持这一点。"苏格拉底又走动了起来,他一边说一边绕着桌子踱步,"但设想一下,如果我们向往别人成为我们的谈话对象,那我们自然就要像刚刚说的那样,作为共同行动的主体与他们相处,毕竟类似交谈与思考这样的行为都要求我们必须自由行事,或至少要求我们接受自己和他人的这种自由,不然这种对话完全无法进行,打个比方,假如我认为某人的答案都是事先想好的,而非他在自己思考过程中产生的,那我肯定无法与他认真沟通。因此作为爱者,我在与被爱者相处的过程中也是不可替代的。这样一来,我们就可以将之前的那些想法串起来了。当然,智慧依然是统摄我们行为的目的,但也许现在这种有目的的爱听起来就不再像之前那样危险了……"

一阵"哔哔"声从苏格拉底座位上的一沓空白草稿纸下传来。西格蒙德翻出一部手机。"苏格拉底,这是你的手机吗?"屋里响起一阵讶异的低语。

"我看你有条短信。"西格蒙德站起身,将手机递给苏格拉底。在递过手机时,他看到了屏幕上的短信:"振作点儿。——狄"

第四章

爱与欲望

西格蒙德·弗洛伊德为他的欲力理论辩护,客人们学习起了爱的生理学。

苏格拉底还没来得及展开讲完他的最后几点新想法，索伦就冷不丁地站了起来。感到众人都在盯着自己看，他脸红了，但依然鼓足勇气站定在原地。

"不可替代性的问题将我们扯进了一场有关爱之本质的讨论。要想将讨论继续下去，我们有很多可行的思路，但我认为最好还是先将它们都展开看看，好让大家对整体形势有一个认识。首先，我们需要确定到底要不要认真看待马克斯提出的这种现象。如果我们认真看待它，并且认为恋人的不可替代性是爱的核心组成部分，那我们就要排除掉一些有关爱的理论了，比如那些将爱与认为恋人在某些方面有价值——比如认为他（她）们美丽、幽默或是聪明——画上等号的理论。这种理论我们刚刚见过，而另一种理论对此进行了补充，它称相爱的人必然要彼此分享一个有价值的故事，但这个理论同样也经不住我们批判的考验。"

随着他的发言，他原本紧张的表情也慢慢松弛了下来，动作越发自信，甚至显得有几分骑士风度。

"除上述几个被排除在外的理论，还有一些留在了我们的考虑范围内，比如刚刚艾丽丝提出的理论。在她看来，爱并非产生于对恋人的某种评判，恰恰相反，爱情教会我们不带成见地看待恋人，从而正确地评价他们。爱揭开了自私遮在我们眼前的面纱，让我们真正睁开双眼。根据这种设想，爱的产生可以有各种各样的原因，例如生物学层面的原因。也许我们也可以主动学会如何擦亮双眼，不带成见地看待他人。

"除此之外，我们还有来自奥古斯丁的建议。他认为对爱着别人的人而言，恋人是目的本身，而非一种工具。伊曼努尔之后又进行了补充，认为爱是尊重的姐妹，因为爱指向的同样是恋人的尊严。但正如西蒙娜指出的那样，爱的这种指向以向往的形式表现出来，这也是爱和尊重之间的区别所在。

"最后，我们还有苏格拉底的新理论。他依然认为爱是一种对与爱人进行哲学对话的向往，但他补充了一些新内容：将彼此看作谈话对象也就意味着不能只描述和比较对方，而是要有与对方一起行动、一起进行精神层面活动的意愿。他认为这样就可以驳回马克斯对自己的指责了，因为相爱的人这种相处方式从一开始就排除了用恋人进行交易的可能性。"

索伦暂停了发言，咬着左手小指思考着。

"当然，这些想法还很不完善，"他继续说，"但又有什么想法是真正完善的呢！这些想法就像草稿，如果我们想的话，当然可以以它们为基础，将这幅画继续画完。但要想继续下去，我们就需要更多限定条件，帮助我们进一步缩小范围。除了恋人的不可替代性之外，其他观察视角对我们而言也很重要。我们如何才能最确切地解释我们有关爱的体验？爱是一种透彻的看见还是一种向往？这与各种各样的爱之间又有什么关系？究竟有没有各种各样的爱？在这些理论中，究竟哪个才能解释爱在我们生命中的重要性？诸如此类的问题不胜枚举，但我们终究无法企及爱的本源，不能对其做出总结性的解释，我们只能不断接近它，学会观察和描绘爱在我们灵魂中的所作所为。

"但在我们思考这一切问题之前，我们得回到这个根本性的决定上来。在不可替代性这一问题上，我们要选边站队：是支持西格蒙德，还是支持马克斯？我们为什么要这样决定？我们又该怎样做出决定？"

"为什么你还要问我们'**怎样**'？你不是一直都认为决定就像一种**跳跃**吗？"奥古斯丁发问道，"因为决定背后是没有理由的，所以我们只能听从我们时而倒向一边、时而倒向另一边的意志行为指挥？我没理解错吧？"

索伦愣了一下，然后似乎有所感触地说："我们也不一定**每次**决定时都要进行这种跳跃。很多决定完全可以基于理由得到解释，只有某些特别的决定才有这种需求，例如有关我们该怎样活着的决定。'不可替代的真实性'这一问题是否也属于这一类，是否需要我们进行跳跃，这我们还不能确定。我建议我们先各自陈述一下理由，然后看看我们能在自己的方向上走多远。"

～♥～

在《非此即彼》下卷中，索伦·克尔凯郭尔认为，有些决定需要一种意志行为，而这种行为则与跳跃极为相似。

～♥～

"好主意。"西蒙娜接过话茬儿，"从我对之前讨论的观察来看，实际上在座各位都认为自己所爱之人是不可替代的。

没有人会觉得自己愿意让具有类似特质的陌生人换掉自己的孩子、爱人或者挚友。甚至西格蒙德也会承认这点，对吧？想想你的女儿安娜……"

～♥～

安娜·弗洛伊德是西格蒙德·弗洛伊德的小女儿。无论是在生活还是思想交流中，她与父亲都非常亲密。安娜·弗洛伊德同样是一名心理分析学家，因其在儿童心理分析领域取得的重要成就尤为著名。

～♥～

"没错，这我同意。"他回答道。

"所以你要批判的到底是什么？你是不是认为，因为我们的爱人**实际上**并非无可取代，所以我们这种印象只是一种幻觉？或者说，你接受我们对爱人有这种特殊的看法，但你认为这种看法是非理性的？换句话说，我们到底是在涉及自己的方面产生了错觉，还是在涉及爱人的方面犯了错？"

"这可不好区分，"西格蒙德说，"在某种程度上二者兼有……"

马克斯打断了他："但索伦的问题问得很对，我们为什么要相信你的看法？鉴于我们都有这种感觉，因此认为我们在这个问题上都**没有**欺骗自己显然要好理解得多！你得给我们一个理由，告诉我们为什么要认真看待你关于爱的怀疑主义观点。"

"这个嘛，"西格蒙德谨慎地回答，"我并不认为怀疑主义适用于一切场合，但我们也不应该天真地轻信我们的体验与感觉。这些体验与感觉需要得到分析，因为它们往往表里不一，而我们总在受自己的欺骗。"

"但要怀疑某一种特定的感情，我们总要有个依据吧？"马克斯激动了起来，"如果我们要将一切我们无法在元层次进行分析的感情都怀疑一遍的话，那这日子就没法过了。那样的话我们就成了自己的病人，总在自我分裂，可真是糟糕透了。"

"假如我们不分析自己，那我们才是生活在自我分裂当中。"西格蒙德解释道，"那些不愿了解自己真实感觉和想法的人注定成不了自己的主人，只能被各种精神力量来回支配，自我欺骗与自我压制造成的后果体现在他的行为中，而他本人却无法理解。但与之相反，真理却能让我们与自我和解……在这点上我和苏格拉底看法很像，可惜他刚刚忽然搞出这么一大通存在主义发言，不然他都能算是我的偶像了！"

"但你还是没回答最根本的问题：我们有什么理由怀疑这

种不可替代感?"马克斯继续嘟囔道。

"理由很简单,就是我刚刚提到的欲力理论。我通过多年的观察才发展出了这一理论。爱与欲望之间有着密不可分的联系,与试图重复吸吮母乳的原初体验的尝试之间也关系密切。阿里斯托芬的看法倒也不无道理,"他冲苏格拉底的方向做了个鬼脸,"通过吮吸,婴儿第一次体验到了满足感,因此爱上了母亲,而随着孩子逐渐成年,他们必须一步步与母亲分离,这是一个非常痛苦的过程。幸运的是,欲力也可以指向其他同样能给人带来性满足的事物。说到这个,你们也知道,我所说的'性'不仅是指与生殖器有关的事物,'性'指的是一切能激起追求欲望和生命的驱动力,即激起欲力的事物。如果这个孩子的成长过程很顺利,那他就能渐渐克服失去母亲的痛苦。因此,从原则上看,爱的客体是可替代的,如果客体不可替代,那我们就永远无法越过这初次分离所带来的痛苦了。

"话虽如此,但围绕着为什么我们所有人都会被同一种错觉欺骗这个问题,我们依然可以进行很有趣的研究。爱情欺骗我们,让我们相信没有任何人或事可以补偿失去爱人的我们,这绝非偶然。我认为,这与初次失去体验带给我们的创伤有关。"

桌边有些人把草稿纸翻得沙沙作响，有些则在低声说话，准备对他进行反驳。

苏格拉底第一个开了口："咱俩的确有些相似之处，我们的理论都将爱简化成了其他更基础的状态和过程，或者更确切地说，是我们认为更基础的状态和过程。在你的理论中这是追求欲望和生命的驱动力，在我这里则是对智慧的向往。而也许正因如此，我俩在试图解释恋人的不可替代性的过程中都碰到了麻烦，这也绝非巧合，因为这就是爱的特别之处，正是这种特别之处将爱与其他大多数感觉区分了开来。如果伊曼努尔说得没错，那爱在这方面与尊重只有一定的相似之处。无论驱动力、向往，还是其他的什么，都很难解释这一点。"

"你们倒是学学索伦和我！"马克斯插进来大喊道，"跟你们正好相反，我们是将一切可能性都简化到爱上来。比方说，在我看来，因为爱决定着我们的注意力，所以爱可以解释我们的感官都从外界接收到了什么内容，可以解释我们又在思考些什么。爱指引着我们对世界的认知，爱是第一位的！"

"嘘！"西蒙娜有些轻蔑地嘘了他一声，"你这要把我们带偏了。再说了，你俩那套爱情优先的说辞还不是从奥古斯丁那里抄来的。"马克斯板着脸生了一会儿闷气，然后继续下去。

奥古斯丁利用这个空当提了个新问题："西格蒙德，关于驱动力你具体是怎么理解的？难道只是某种特定生理过程的另一个名称吗？如果我没记错的话，如今有些人认为爱只不过是大脑中某种特定的神经化学过程。我记得这个过程和两种激素有关，多巴胺还有催……催什么来着……催——产——素。你也这么看吗？"

～♥～

神经科学研究表明，当人们坠入爱河时，大脑内会同时释放出某些特定的激素。人类学家海伦·费舍尔在实验中发现，当恋爱中的人们看到或甚至只是想起他们的爱人时，他们体内的多巴胺、催产素和抗利尿激素水平都会升高。大脑中释放的多巴胺可能导致了人们在恋爱中体验到的强烈感情，以及对恋人近乎独占欲的密切关注，而催产素和抗利尿激素都与感情纽带的建立有关，因为初为父母的人脑内同样会释放这两种激素。时至今日，科学界依然对究竟该如何解读这一实验结果争论不休。

～♥～

"这个我也读到过。"伊曼努尔点点头,指了指房间一角堆着的一沓新杂志。

"不好意思,但西格蒙德指的肯定不是这个吧!"西蒙娜喊道,"如果这样的话,假如他面对的是没有人类身体的生物,那他又该怎么讲?你们想象一下,我们在另一个星球上发现了生命体,它们与我们举止相似,也能对彼此产生深厚的感情,照顾彼此,可以进行一切我们能够称之为'爱'的行为。但它们的身体和我们完全不同,它们体内也不存在多巴胺或者催产素。假如我们现在只将爱**视作**这些激素的释放,那我们就必须认定这些生物不可能感受到对彼此的爱——这显然是靠不住的。"

"没错!而且这样一来,我们也排除了机器人会爱的可能性,因为它们的脑壳里只有铁皮,可没有多巴胺什么的!"伊曼努尔附和道。

"多巴胺、机器人……"苏格拉底不敢置信地摇着头。

"你不要这个样子嘛!你智能手机都有了,不可能没听说过机器人!"其他人嘲笑道。

西蒙娜继续说了下去:"机器人究竟会不会爱,这个问题很难回答,也许我们可以之后再谈?但我认为一开始就将爱局限在和我们有共同生理基础的生物身上并不是什么好主意,这也有些太随意了。爱应该是可以多次实现的,如果你们明白我什么意思的话。像愿望和信念之类的精神状态也都如此。"

许多人点头同意,艾丽丝补充道:"除此之外,当我们使用'爱'这个词时,我们也不会想着释放激素这回事,譬如当我们向某人表白时,我们所说的'我爱你'并不等同于'我一见你多巴胺水平就上升'。前者的内涵与后者截然不同,甚至更为重要。在这句'我爱你'中包含着说话者因为爱而经历的一切:她的人生被爱永远地改变了,她变得脆弱,她看待世界的方式也与从前有所不同,她的恐惧、欢乐与困苦都发生了变化。但这并不代表着爱与激素没有半点儿关联。也许多巴胺和催产素这些激素在某种程度上是这种全新状态产生的**原因**,或者是它的**载体**,甚至有可能是被人类进化出来专门承担这项职责的。要想考虑清楚这个问题,那我们就得深入研究与灵肉关系有关的问题了。"她看向伊曼努尔。

"但即便不进行这种形而上学的讨论,我们也可以放心将这个把爱简单粗暴地与激素释放画上等号的理论排除出去。"

"我可不会因为舍不得而追着它流眼泪!"马克斯大喊。

"那么,我们是不是可以笼统地说,爱就像艾丽丝说的那样,是恋人在精神层面的表现?这种表现我们还需要进一步定义,但可以确定的是,它对爱者有着特殊的意义。"西蒙娜试图趁热打铁,乘胜追击,"如果这样认为的话,那我们可以先不管爱在本质上到底是不是一种确信、一种评价、一种向往、一种感情、一种驱动力或是其他什么东西——如果驱动力也算是一种在精神层面上的表现的话。但同时,我们也会在此基础上得出这样的结论:爱是一种有一定内涵的精神态度,也就是说,爱是有对象的,我们爱的是某个人。但激素却没有对象。"

"好,我们现在可以回来思考西格蒙德的理论了。西格蒙德,驱动力在你看来是什么?你可别真把驱动力和某种生理过程画上等号啊……"奥古斯丁又问了一遍他的问题。

西格蒙德不禁大笑起来:"哈哈,亲爱的朋友们,你们这可提到了一个相当棘手的话题。驱动力是很难定义的,对我自己在这方面的尝试和心理分析学会的同人们给出的建议,我也不是很满意,但可以确定的是,我说的这种驱动力现象既不是一种本能,也不是一种单纯的愿望。我在书里写过,我认为驱动力是一种肉体层面持续性的刺激来源在精神层面的表现。你们看,它是一种精神层面的表现,就像幸福!而且显然可以多次得到实现。从原则上来讲,外星人也是可以感受到欲力的，这不用担心。而正是**因为**驱动力是刺激来源在精神层面的表现，它与本能之间才存在着不同：驱动力利用人们的想象力，在精神上对人们施加影响，而本能的对象和目的或多或少都是由进化决定的，因此驱动力要比本能更加灵活。因为人们的欲力不仅是一种本能，所以欲力也可以指向那些并非传统意义上与性爱或繁衍有关的对象。这种指向往往导致了性反常行为和各种恋物癖行为，但这些行为并非只有坏处，恰恰相反，许多文化艺术成就都建立在我们对欲力的升华之上，诞生于我们将这种内在力量转用于创造性活动的过程中。它的目的涵盖范围也很广，可以通过各种各样的行为实现。的确，欲力的目的是满足肉体层面的欲望，但正像刚才我们说到的那样，人们在理解了某个艰深的概念、看到自己的孩子，或是互相拥抱和亲吻时，体验到的也是肉体层面的快乐，它们也是欲力的目的，都有同一个来源。"

"也许驱动力的确存在，也许欲力是人们的核心驱动力之一，这都有可能，"奥古斯丁开始了他的反驳，"但在我看来，这并不能充分考虑到爱的所有方面，只靠欲力是无法对爱做出完整解释的。按照你的思路，该被我们贬为错觉并**搁置在一旁**的不仅有恋人的不可替代性，还有刚刚索伦和艾丽丝提到的内容。爱和其他欲力活动之间的区别你也没有解释清楚。

例如，爱作为一种向往，也会让人**担忧**对方。有恋鞋癖的人无论怎样都不会像爱人关心彼此那样担忧自己的鞋子。爱者有一种严肃的担心，他们自己的悲欢与恋人的悲欢紧密相连，甚至愿意为了对方献出自己的生命。要是有人愿意为了自己的鞋子献出生命，我们准会觉得他疯了，该立刻去看心理医生！但如果这个人在恋爱，我们就会认为这种行为不仅根本算不上疯狂，甚至可以说是在情理之中，也从侧面说明了爱和爱人在他心中的重要性。除此之外，与爱相伴而来的还有一种难以用言语描述的幸福体验，爱可以让我们品味到极乐的滋味。回想一下你们第一次见到自己孩子的时候，或是回味一下你与爱人共度的某个特别瞬间，在这样的时刻，你的爱真切地展露在了你面前。这种快乐充满了人们的心灵，让人不禁希望这种幸福持续终生。这种快乐是爱独有的，我们无法从其他欲力对象身上获得。假如我们将爱简化成欲力，我们就没法解释上述这些现象，或者只能将它们归作一种被误导的拔高行为，干脆避之不谈。"

奥古斯丁结束了发言，屋里一片寂静，然后索伦开了口："现在我们又要做决定了，是相信爱，还是将爱视作一种幻觉？我现在要跳到相信爱这一方来，而爱会将幸福赐给那些相信它的人。"

西蒙娜说:"我们来谈点儿别的。西格蒙德,你说你的理论是通过对病人的观察发展起来的,那你就从来没有观察到你的病人因失去爱人而悲痛吗?"

"有啊,当然有了。但我认为欲力也可以用来解释这个现象。理论越简单,需要的前提越少,理论也就越容易成立,难道不是吗?至少我一直是这么认为的。现在请给我一点儿时间,我要思考一下你们的反驳意见。"

第五章

人能爱上机器吗？

奥古斯丁对人工智能和性爱机器人很感兴趣，众人陷入了对自主意识定义的苦思冥想。

伊曼努尔看了一眼表,一跃而起:"我的汤!"他大叫一声,夺门而出,冲下楼梯,往厨房赶去。刚好溜达到屋门口的苏格拉底紧随其后,帮伊曼努尔拿东西。片刻后,他俩带着盘子、餐具和冒着热气的锅回来了。"一锅简简单单的扁豆汤。"伊曼努尔一边拿着大勺子盛汤一边解释道。苏格拉底给大家切好面包,倒好水,津津有味地嚼着切面包时掉下的一块面包皮。"有红酒吗?"西格蒙德谨慎地问。伊曼努尔一言不发地敞开上衣,里面藏着两瓶上好的红酒。他熟练地打开酒瓶,放到桌子中间。西格蒙德开始给大家倒酒。

"味道好极了!"艾丽丝称赞道,众人纷纷附和。奥古斯丁趁这会儿从角落里那沓蒙尘的报纸中抽了一份出来:"我在找你们之前说的那种机器人……叫人工智能是吧,可真有意思。"面对众人问询的目光,他给出了这样的答复。他一边继续翻阅着报纸,一边不断用勺子往嘴里舀汤。

"现在的人可真是痴迷于探讨人机关系的电影。看这儿，几乎每年都有一部这种题材的电影上映！"他指着一篇影评旁的配图，"电影中的机器人和人类几乎别无二致，不仅看起来和我们一模一样，言谈举止也和我们非常相似，甚至能表达出和我们相似的感情等。然后就会有一个人类爱上机器人，但没人知道他的爱究竟会不会得到回应，这要交给观众自己来决定。从表面上看，人类与机器人之间的爱是双向的，但我们可以轻信这样的表象吗？机器人的眼睛背后是否真的存在**某个人**？人到底**能不能**真正爱上机器人？这些问题让评论者大为苦恼。"

"这难道不是和机器人是否有自主意识有关吗？"西蒙娜开了口，"如果机器人没有自主意识，它们就和特别智能的计算机没什么分别，不过是一样物件罢了，而物件既不能爱别人，也不能被爱。或者说，假如有人爱上了一样物件，那他实际上就犯了一个错误，就像小孩子会赋予玩具娃娃人格一样，他也赋予了物件人格。这一点我们之前在恋鞋癖的例子中也提到过：鞋子可以在特定条件下成为欲力的对象，但我们不可能像爱其他人一样爱它们，对其他没有自主意识的物件也是如此。"

"我也认为人不能爱上纯粹的物件。"坐在桌子尽头的伊曼努尔点点头，"至少在人们很清楚它们是物件，没有被错觉蒙骗的情况下不可能。即便是在被错觉蒙骗的情况下，人所爱的也并不是物件本身，而是人们将物件所错认成的东西，是一个**幻影**。虽然我们经常说我们爱巧克力，但这显然只是我们为了表达我们爱吃巧克力而使用的一种夸张修辞。如果有人说他爱某件艺术品，比如米开朗琪罗的雕塑《圣母怜子像》或者达·芬奇的《蒙娜丽莎》，可能情况会稍微复杂一些。人们不可能像爱其他人一样去爱一件艺术品。尽管人们对艺术品的爱和对巧克力的爱不同，因为人们会为艺术品担心，会想要出于非私心的理由去保护它，但这种感情终究是有限度的，施加的对象不像人那样不可替代，它们也不是价值本身，它们的价值在于能够传达给我们的信息，而从原则上来讲，一比一的复制品或是另一件艺术品可以传达相同的信息。我们对真品如此有感情，只是因为真品能让我们更接近创作它们的艺术家。这就是说，艺术品的价值实际上还是可以转移的。刚刚我们也说过了，爱另一个人的情况与此截然不同……如果爱暗示着我们会认为恋人不可替代，那我们就不可能在真正意义上爱上一件艺术品。"

"回到正题上来，伊曼努尔。我们刚刚谈的是机器人。"西蒙娜催促道。

99

"不好意思。好的，所以我其实只是想证实，人是不可能真正爱上物件的。如果机器人只是物件，那么人也不会爱上它们。我只是在想，自主意识是不是最重要的区分标准？如果是的话，为什么呢？自主意识到底有什么特别之处，能让我们觉得人只能爱上有自主意识的生物呢？"

"这个嘛，有自主意识的生物是独立的个体，因为他们用独立的视角看待世界，所以他们构成了一个不可分割的统一体。"西蒙娜解释道，"这种视角有且只有一个出发点，这种所谓的**原初视角**就是自我。自我将各种感官印象和头脑中进行的一切精神活动结合起来，也是人们能够进行的**精神行为**的执行者。"

"精神行为？"马克斯插话发问道。

"类似思考、想象、计划之类的。人思想中发生的其他事件，例如忽然回忆起某事或是盼望某事，往往单纯地发生，而精神行为则截然不同。不过这个不重要，我的重点是，自主意识就等同于个体性，而爱是一种我们只有面对个体时才会产生的感受。"

"那我们面对动物时也能产生这种感受喽？动物也有自主意识，因此也算个体啊。"

"能啊，为什么不能？人类可以爱他们的小猫、小狗和小马,那当然也可以爱狮子、大象啊,或者母牛?"西蒙娜显得对自己的灵光乍现很是得意。

"那鳄鱼或者金鱼又怎么算?或者蜘蛛?蜉蝣?"想到蜘蛛,马克斯不禁打了个寒战。

"当然,要爱上更接近我们、可以和我们建立某种关系的动物,也就是进化得比较完善的哺乳动物显然更容易一些,但我并不能排除人类爱上其他动物的可能性,不过爱上蜉蝣的可能性也许小一些,因为我们也不确定它们究竟有没有自主意识……"

"嗯,这个动物的例子倒是说明了一点:我们要想爱上某种生物,它仅仅有自主意识是不够的,我们需要的实际上是建立关系的能力,甚至可能是**爱的能力**。正因如此,我们很容易爱上哺乳动物,却很难想象自己会爱上某种两栖动物。"马克斯针锋相对,"这背后也有相应的原因:爱总和对回应的期望相伴而来,只有被爱的一方至少在原则上能对爱做出回应,这一期望才能存在。如果我们将蜉蝣作为爱的对象,这种期望就毫无意义可言,所以人们才无法爱上一只蜉蝣,这和有没有自主意识其实没什么关系。"

"难道人们就不会期望一些不可能的事情吗?"索伦轻声说。

"我不这么觉得。"马克斯听起来意外地平心静气,"为了让我们期望的事情成真,我们会主动争取,但不可能的事情我们就没法积极争取了,不是吗?不管怎么说,想要回答人能不能爱上机器人这个问题,重点不仅是机器人有没有自我意识,还有**它们**有没有爱的能力。我之所以说'不仅',是因为我认为只有拥有自我意识的生物才有爱的能力。要想拥有爱的能力,它们就必须能够在精神层面上将恋人表现出来,也就是在思想上指向对方,但并非所有拥有自我意识的生物都拥有爱的能力。"

"等一下,别讲得这么快!"奥古斯丁试图叫停,"我还在想西蒙娜提到的个体性问题。按照她的想法,作为个体也就意味着是一个人,而非事物。也许我们应当将这所谓的'一个人'称作一个'主体'。主体凭借其看待世界的视角也会产生一种对外在世界的态度。如果这个主体是一只鸭子或一只小老鼠,那这种态度就很原始;而如果主体是一个人,那就会是一种非常复杂的态度。人类的这种态度甚至带有一定的自我反思性,因为我们知道我们拥有自主意识。也许正是这种姿态使我们可以进行精神行为?因为当我们要思考或进行其他类似的精神活动时,我们就需要影响或控制自己的自主意识,而想要做到这一点,首要前提也许就是对自己的自主意识有所认识。能成为主体的生物必然要有精神生活，或者更确切地说，必然要有**自我**生活。这让我们又回到尊严的概念上来了。拥有自我生活的个体永远不可能成为实现某种目的的工具，他们总是**只为自己**而存在。如果我们顺着这个思路想下去，那就像我们刚刚讨论出的结果一样，主体就是目的本身，拥有尊严，无可替代。尽管我先前认为只有上帝才是目的本身，但现在我也在问自己，是不是这点对每个拥有自主意识的生物都适用呢……"他转了转钢笔，提笔写了些什么，又摇了摇头，继续思考着。

"这样一来，人成为主体之后就能成为爱的对象这件事也得到了解释。"伊曼努尔补充说。

"没错……"

"我想争论的倒也不是拥有自主意识和作为主体的重要性！人也完全有可能因为是这样的主体而拥有尊严，并获得相应的尊重，但想要被爱，我们还需要更多，比如爱的能力。"马克斯又开了口。

"那什么才能让我们拥有这种能力呢？"

"最基本的条件之一是要有意对主体和事物进行区分。拥有爱的能力的生物只会被其他主体吸引，这是为什么呢？因为他们有交流的欲望！而这种交流只能和同样对外界有自己的视角和态度的生物进行，只有这样，二者之间才有交流的内容。没什么能比可以和我们互动交流的智慧生物更让我们激动了。"马克斯又开始了他标志性的大幅度肢体动作。

苏格拉底喜形于色："在很多方面我们的意见还是很一致的嘛，马克斯。"他拍拍马克斯的肩膀说。

"最新研究表明，人类婴儿在刚出生的头几周，甚至头几天就表现出了这种兴趣。"

"注意啦，注意啦！这可是最新研究呢！"西格蒙德打趣道。

～♥～

科学研究已经充分证实，婴儿从出生的第一天起便或多或少地对面孔、表情和语言产生了特殊的兴趣。丹尼尔·N. 斯特恩的《婴幼儿的人际世界》是研究该问题的著名著作。斯特恩认为，婴儿在出生的头三个月中便可分清主体与纯粹客体。

～♥～

马克斯不为所动，依然很严肃："当然了，婴儿还不能理解主体和物件的概念，但他们会对人的关注和电脑发出的声音做出不同的反应。在出生几天或几周之后,他们即便是在面对动物时都比面对电脑时显得更有兴趣。"

"那担忧他人、同情他人呢?这些难道不也是拥有爱的能力的条件吗?"艾丽丝沉默良久后开了口。

"能够不只考虑自己,为他人奉献自己,这的确也很重要。想要顺利沟通,人们就必须如此。想要理解别人,人们就要主动向对方的视角靠拢,设身处地地考虑问题。和很多人认为的不同,共情和同情,这二者之间并非毫无关联,被我们称为移情力的共情中总包含一定程度的同情,因为当我们将自己带入别人所处的情境中去理解对方时,目睹对方境遇和原因的我们并非置身事外,而是也参与其中。例如,我们能够感受到对方行为背后的动机,或至少能够感受到某种行为给他造成的部分影响,我们能够忧人之忧,乐人之乐,这就是**同情**。"

"那如果是机器人的话,情况又如何呢?如果我们要想真正地爱上它们,它们就得首先具备爱的能力。换句话说,机器人不仅要拥有自主意识,还要拥有想要沟通的自发意愿,要能感受到担忧与同情,这要求可够高的。"伊曼努尔颇为怀疑。

"没错,这要求是太高了。如果人们只能爱那些具备爱的能力的对象的话，即便是人类，也会有一大批被排除在外，比如婴儿，哪怕他们真像马克斯说的那样，刚出生不久就对其他主体表现出了兴趣，他们也未必能满足上述所有要求，可我们不能说父母不能爱他们的宝宝啊！事实上，家长们只要看一眼这个皱皱巴巴、不会说话的小家伙，立刻就会爱他胜过爱这世界上其余的一切，他们甚至会觉得自己在孩子身上瞥见了幸福……"奥古斯丁说。

"他们是展望了孩子的未来！爱孩子的父母看到了婴儿身上尚在沉睡的爱之能力，而让这个能力逐渐成长起来的正是他们的爱。"马克斯回答道，听起来对自己的结论颇为确信。

"除此之外，我们真的不应该低估婴儿的能力。"西格蒙德又开了口，"他们能做到的事情比人们一眼望去能想到的多得多。我觉得不能排除他们会爱这个可能性。"

"好吧，但还有其他例子，"奥古斯丁回击道，"那些不会处理担忧或同情的人又怎么算？比如自恋者。我们总可以爱上自恋者吧？尽管对他们的爱会因得不到回应而充满痛苦，但也并非完全不可能。"

"只是确认一下：我们现在谈的是爱的**能力**，而不是实际上对爱的回应，对吧？我们当然可以爱上那些不会反过来爱我们的人，苏格拉底从一开始就不同意这个观点，但我现在依然觉得他的看法不足为信。马克斯的论点没这么绝对，在他看来，人不能爱上原则上没有爱的**能力**的个体，我说得没错吧？"西蒙娜的发言引得众人纷纷点头赞许。

"但也许爱者别无选择，只能违背一切表象，接受恋人爱的能力。"索伦喃喃自语，脸又涨得通红。众人安静了下来，专心听他发言。

"真正的爱者会将恋人视作他们的邻人。其实苏格拉底说得对。"这番话一出口，众人又渐渐回到了之前的放松状态，"我们看到的不仅是对方爱的能力，更重要的是，我们看到了对方爱着**我们**。"他停了下来。

"那你相信我们能爱上机器人吗？机器人能爱上我们吗？"伊曼努尔发问。

索伦沉默着，看不出他是否想要回答。最终，他还是开了口：

"我只知道一点：和爱后受欺骗相比，因为害怕可能被骗而不敢被爱是更糟糕的事情。人当然只能爱上另一个人，另一个主体，随你们怎么称呼，但如果有朝一日，人和机器人之间的界限变得模糊，我们无法再区分二者，那机器人也可以算作人、个体，或是我们的邻人。"

伊曼努尔点头同意："的确，如果人工智能发展到让我们无法分辨其究竟是人还是机器人的程度,那我们从道德出发也应该做出更为保险的选择:将物品错误地当作目的本身对待总要好过将目的本身看作物品。如果我们无法确定机器人究竟是不是人,那我们就应该将机器人当成人来对待。遇事不决时就站机器人那边!"

"但眼下我们还远没有走到那一步。"奥古斯丁指指另一篇文章,"现在的机器人越来越聪明了,很多机器人甚至已经算是人工智能了,但它们依然都没有通过图灵测试!"

"什么测试?"马克斯问道。

"图灵测试。这儿写着呢:进行图灵测试的人需要同机器人和另一个人进行一段时间的交流,如果测试者在交流之后无法分辨二者中哪一个是机器人,哪一个是人,这个机器人就通过了测试。阿兰·图灵认为,如果机器人通过了这个测试,那就说明它拥有自主意识,可以算作人类。当然,他的这一观点引发了很大的争议,但他的想法目前依然停留在纯粹理论层面:尽管人工智能近年不断得到发展,但依然没有一个机器人能够通过图灵测试,起码都无法与人类进行无固定主题的自由对话。如果我们直接与机器人交流,我们依然能很容易地判断出它们是机器人。"

～♥～

1950年，数学家阿兰·图灵为了测试机器人在"模仿游戏"中的表现，提出了一种测试程序，也就是之后所谓的"图灵测试"的前身：在固定时间段内，进行测试的人不依靠声音和画面，仅通过键盘分别与接受测试的机器人及另一个人进行交流。在此过程中，测试者不知道两个交流对象中哪个是机器人，哪个是人。测试结束后，测试者需要对交流对象的身份进行辨认，若测试者辨认结果有误，则视作机器人通过测试。根据图灵自己的估计，到2000年，机器人应在测试中有三成的通过率。假如他活到了今天，必然会对机器人的发展状况大失所望：尽管人工智能的发展突飞猛进，但目前依然没有机器人达到这一目标（虽然有个别达到目标的情况出现，但同样备受争议）。图灵测试真正的测试对象和借助测试结果可以得出的结论在哲学界也引起了广泛争论：如果机器人通过了测试，那么我们是否应该认为它拥有思考能力？是否应该认为它拥有自主意识？如果我们做出了这样的判断，又会在道德和社会层面造成什么样的后果？

～♥～

"文章里提到了靠什么辨别吗？与机器人对话和与人类对话有什么不同？"艾丽丝一边发问，一边朝奥古斯丁那边探过身去，想看看那篇文章。

"这文章里倒是没详细说，"他回答道，"也许要看具体情况？有些情况下倒是挺简单的：和人类相比，有些问题机器人答不上来，对于交谈中的一些措辞它们也不能很灵活地做出反应。但在其他情况下测试者也许根本不能准确地说出有什么不同之处，他们只是有一种**感觉**：当他们和一个知道自己在说什么的人类交流时，他们会有一种真实感；而当他们和一个只知道按照设计好的流程开展对话的程序交谈时，他们则会感到虚假。

"但至于我们能不能区分机器人和人类，以及假如我们不能区分，这对我们有什么道德上的要求，和机器人究竟能不能像人类一样拥有自主意识又是两码事了。换句话说，不管机器人在行为举止方面和人一致与否，即不管它们是不是**看起来像**是拥有自主意识，我们都无法知道它们是否真的拥有自主意识。"西蒙娜抛出了引人深思的观点。

"没错，可能确实如此，"伊曼努尔回答道，"但并没有证据能证明自主意识存在。依我看，这种证据根本就不可能存在！对于自己，我们当然十分确定：我自然知道我是有自主意识的，但我很难向别人证明这一点。假如别人能看穿我的头颅，他们能看到的也不过是脑灰质而已；人们无法从经验主义层面证明自主意识的存在。那些相信大脑与精神同一性的物理主义者可能会更精确地补充说，人们**目前**还无法证明这一点。但我认为，人们至少不能'从外界'证明自主意识存在。对其他人而言，我**看起来**拥有自主意识，而对我来说，因为他们与我如此相像，所以他们**看起来**也拥有自主意识。但他人的自主意识我们既无法通过感官感知，也无法用理论推导，我们只是认为彼此拥有自主意识。这种认定非常自然，大部分情况下不需要我们多加思索，但说到底不过是一种认定罢了。"

"所以你的重点是什么？"西蒙娜摆出怀疑的神情。

"我的重点是，你把这两个问题区分开很有道理：不能因为某人在互动中**显得**拥有自我意识，就判定他真的有自我意识。但要想证明其他人，无论是其他人类还是其他机器人拥有自主性，我们别无他法。因此，尽管他人的这种外在表现在原则上不可靠，不管我们乐不乐意，我们也只能相信它。到目前为止，机器人看起来还没有自主意识，但假如有朝一日情况有所改变，就像电影和杂志中表现的那样，我们就该在道德上谨慎行事，将它们当作人类对待。现在我觉得索伦的考虑也不无道理：这样一来，我们就没有理由从一开始就将人机恋排除在考虑范围之外。"

"唉，我觉得这很难懂。"西蒙娜看起来依然不是很满意，"外在表现为什么这么重要呢？你们真的认为情况会因外在表现而彻底改变吗？那假如有个机器人**几乎**表现出了自主意识呢？在大部分时间里，我们会认为对方是主体，只有在极少数情况下，只有当我们在互动中感到一丝不自然时，我们才会对对方的主体性产生怀疑。但这能让我们将对方当作一样物件来对待吗？这样微小的差别会导致道德层面上的巨大差异，这可太怪了……我也说不清。我认为，我们应该换一种方式来看待整个问题。我们应当思考一下，自主意识究竟是什么，以及由铁皮和电线组成的无生命体是不是在原则上也有发展出自主意识的可能性。虽然我们没办法具体证明自主意识的存在，但我们可以从整体上思考自主意识的本质，这种思考也很重要。"

伊曼努尔陷入了沉思。西蒙娜等了一下他的答复，但伊曼努尔还没来得及开口，她便大喊道："我现在有另一个问题要问！依索伦看，爱情无论如何都是美妙的事物，我们不应该随意拿它来冒险。苏格拉底一开始也说了差不多的观点，说爱是巨大的幸福，是上天赐予我们最伟大的礼物云云。真的如此吗？你们都同意这点吗？"

"停停停，爱和美好生活之间的关系可是个新话题。"奥古斯丁说，"我觉得我们可以单开一场会来讨论它。"

他扶着桌子站起身来，开始收盘子："我们关于人机恋的讨论还有许多悬而未决的问题。我先来复盘一下：因为我们认为，物件并非理想的爱情对象，也不具备爱的能力，所以一切都取决于一个问题：机器人究竟是不是物件？与物件相对的是主体：主体是拥有自主意识的存在，主体有看待世界的视角，即有对待世界的态度和自我的生活。要想成为被爱的对象，对方至少应当是一个主体，在这一点上我们应该是达成了共识。但在下一个问题上我们又产生了分歧：作为评判标准，仅有主体性是否足够？还是说爱的能力也必须纳入考虑范围？支持后一观点的论据认为，爱必须得到回应，而无论是什么愿望，只有存在被满足的**可能性**时才是合适的。无论如何，现在搞明白机器人究竟有没有自主意识都成了一个非常重要的问题。目前它们还没能通过图灵测试，**看起来**还不具备自主意识，但我们也讨论了假如它们在未来通过测试的情形：在这种情况下，我们是否会因为它们表现出了主体性，而有理由将它们当作主体对待？我们是否在道德层面有责任将它们视作我们的一员？悬而未决的问题还有这些：什么时候一个个体才能算作爱的对象？我们要怎么决定机器人是否拥有自主意识？我们能依靠哪些证据？"

"谢谢，奥古斯丁，你的总结对我们很有帮助。"西格蒙德叠起餐巾，"我认为说回性这个话题会对你们有所启发，偏偏又是我要提这茬儿，但这是因为你们不愿意谈这个话题，尽管性这个重要的话题显然与爱紧密相连，你们却非要把这二者分开来谈。我们从性的角度考虑一下：最近日益流行的性爱机器人到底算什么？第一眼看上去，它似乎违背了我们之前的看法：当机器人是物件的时候，我们可以出于各种性爱目的随意使用它们；而当它们表现出了自主意识，不再仅仅是物件时，使用它们就成了问题，如果未经同意就发生性关系，这种使用甚至接近一种侵犯，不是吗？"

"你刚刚说'第一眼看上去'，假如我们重新审视，情况其实完全不同，对吗？我也这么觉得……"伊曼努尔说。

"的确。我在想，即便我们依然将性爱机器人看作物件，使用性爱机器人是否真的就能像看上去那样无害。这些自动玩偶的吸引力就在于它们可以充分调动我们的想象力，它们可以轻易地伪装成主体，尽管我们知道事实并非如此。想象力在性爱中扮演着举足轻重的角色，人类的性爱行为很大一部分发生在头脑之中。这样一来，我们就面临着一个问题：虽然我们完全掌握着机器人的支配权，和机器人之间也不存在与真人相处时需要遵守的道德界限，但我们能将性爱机器人想象成一个活人，想象成一个主体吗？"

"西格蒙德，你竟然对道德感兴趣了！"伊曼努尔的夸奖中带着一丝好为人师的语气。

"那是当然！要是认为我对道德问题毫不在乎，那可是误会了。我只是不急着对别人下判断，而是先试着了解对方罢了。性爱在道德层面上也很有意思，因为与性爱同来的通常是幻想，这些幻想很难控制，它们受潜意识左右，与童年早期的恐惧和欲望紧密相连，也离不开这些情感之间互相建立起来的关联，而如果不经过分析，我们是很难理解这些关联的。正因如此，我的朋友，你会觉得爱很可疑。"

伊曼努尔尴尬地看向一边，低声说："也不光是因为这个。即便没有这些幻想，爱也常常带有剥削利用的意味，人们会将对方贬低成满足自身欲望的工具，这种贬低只有在特定情况下才可以被接受，只有你情我愿还远远不够，双方应当作为完全平等的参与者缔结一份真正的契约，约定双方可以用这种方式利用彼此。"显然，这个话题让他感觉很不舒服。

艾丽丝向他伸出了援手。"啊，我并不认为在性爱关系中我们必然会将对方当作工具使用。"她语气轻松，"性与承认其他人是主体以及目的本身并不冲突。有些时候，比如当性出自对对方的爱的时候，性甚至可以成为这种认可的外化。我们在精神和肉体层面感受到的他人的吸引力往往开始于看到对方无可替代的个体性：我们用心灵之眼看到对方，借用苏格拉底的话说，我们看到了对方灵魂的美丽。我们渴望贴近彼此，沉浸在对方之中。这种沉浸倒未必是阿里斯托芬的传说中提到的那种合二为一，我们想要留在对方**身边**，却未必想成为对方，不然这种将自己交付给对方的兴奋也就不存在了。在**某些情况**下，性当然也会存在道德上的问题，我认为，不仅是未经同意的性存在问题，如果是一方不想发生关系，而另一方对此知情的性行为也是有问题的。给出同意只是允许对方获得自己拥有的某样东西，但它未必等同于给出同意的一方就想要这样。假如我允许奥古斯丁把我的笔借走，这也不意味着我就**想**让他把我的笔借走，也许我会暗自希望他根本不要让我借给他。"

奥古斯丁一脸震惊地将用来记笔记的笔推还给她，艾丽丝推了回去，大笑道："我只是举个例子，奥古斯丁！这支笔你想用多久就用多久！放心用！我的重点是：做爱时，重要的是双方都想要进行性行为。更进一步地讲，重要的是两个人都认为这种双向的'想要'非常**重要**，不是吗？如果做不到这一点，性必然问题重重，而且也没有意义：假如两人中有一人根本没有兴趣，并不想参与其中，那又要怎样爱抚彼此，怎样感受这种兴奋呢？"

奥古斯丁看起来松了口气，又用笔敲着桌面提醒道："这就是谈性的老毛病：它带着大家都跑偏了！我们刚刚还在说机器人呢！你们对西格蒙德的担忧怎么看？"苏格拉底开始帮他收拾桌面，两人一起将玻璃杯收到托盘上。

艾丽丝继续说了下去："没错，抱歉，西格蒙德的担忧……其实我只是想说我也有同样的担忧！因为做爱时把机器人想象成人这种行为实在是很有问题，我们有可能侵犯了对方、违背了对方的意愿与它发生了性行为。只是想澄清这种印象也很难，因为我们这种纯粹的想象实际上并没有伤害任何一个真实存在的人类。当然了，这样想的先决条件依然是我们将机器人视作一样物件，而非具有自主意识的主体。所以到底是什么让我们不自在呢？"

"也许在这个过程中的确有人受到了伤害。"西蒙娜说，"受到伤害的未必是特定的某一个人，而是我们所有人。假如有人被将另一个人当成工具使用的想象唤起了欲望，那这种想象对他必然有吸引力。单是这种态度就能从某种意义上伤害到我们中的每一个人，我们的尊严会对此做出抵抗。基于吸引力的判断从来都不是道德中立的，即便这种态度从来没有表现在具体行动中，依旧会对主体产生影响，让他进入特定的情境，感受到特定的事物，并影响他的思考方式，等等。精神上的态度必然会有其结果，且影响深远。"她拿起几乎空了的玻璃杯又喝了一口，"除此之外，刚刚我特意全部用了'他'，因为至少目前大部分性爱机器人是为男性设计的，外形上模仿的都是色情行业中的女性身材。"

"这种性爱机器人倒也可能带来一些积极的结果，比如现实生活中可能会少一些经历性暴力的女性……毕竟性爱机器人可能已经让施暴者的暴力幻想得到了满足。即便你说得没错，这种想象中的暴力同样是坏事一桩，但总要比真实的暴力好一些。但这样一来好像又是在支持制造性爱机器人了。"西格蒙德再次陷入思考。

"你说的这个积极结果还需要实践检验来证明，又或许性爱机器人拉低了人们施加暴力行为的情感门槛，从而适得其反呢？有没有人做过相关的研究？"西蒙娜环视四周，但没人能回答。奥古斯丁坐回了座位上，提议可以再翻翻报纸。

"但有一点我们很清楚：**爱和暴力是不能共存的**。"艾丽丝说,"当然,这并不是说爱人绝不会对所爱之人实施暴力,但这种暴力绝不可能出于爱。真正意义上的情杀是不存在的。尽管有爱,暴力还是会发生,暴力的发生与爱相对,毕竟爱着的人除了爱之外还有其他的行为动机,而这些动机往往与爱相悖。"

"因为爱者总想要给恋人最好的?"苏格拉底反应灵敏地忽然发问。

"你刚刚不是也听了我们讨论嘛。"艾丽丝微笑道。

"我当然听了,我只是想再详细地思考一下全局。"

"我们得捯捯!"伊曼努尔一拍手,"这屋子快要被话题和问题塞满了。我们按顺序来,先按西蒙娜的建议来谈谈爱和幸福,然后再谈爱和道德,大家同意吗?"他站起身,从奥古斯丁手里接过那摞盘子,又用另一只手托起放着玻璃杯的托盘,向门口走去。他的平衡保持得惊人地好,不料索伦拿着一只落下的酒杯追了过去,不小心撞上了他的胳膊肘。托盘从他的手上翻落,玻璃杯碎了一地。"哎呀,我的天哪,太对不起了,哎呀呀……"索伦无助地跪在碎玻璃旁,看起来希望自己能原地消失。伊曼努尔在他身旁跪下,用胳膊环住他的肩膀,颇为享受地让那摞盘子也砸在了地上:"谢谢你,索伦,这套餐具早就该换了。再说了,俗话说得好,'碎碎'平安嘛。"

第六章

爱会限制我们的独立性吗？

西蒙娜·德·波伏娃对父权制下的爱进行分析，引发了一场有关爱与幸福的讨论。

待碎片处理妥当，扫帚也放回了墙角之后，苏格拉底宣布下一场会议开始："现在，在这慵懒的午后，在这瞌睡虫大举入侵的时间段，让我们来谈谈幸福与不幸吧。"

西蒙娜有些不知所措地看向他，她不确定该直接开始发言还是再等一等。伊曼努尔闭上眼睛，在窗外照进屋里的阳光中打起了盹儿，而后忽然站起身说："朋友们，喝两口水，我们就打起精神继续！两小时后我要去附近的街区遛个弯，有人想一起来我当然欢迎，但在那之前，西蒙娜，请向我们解释一下你的疑虑。"

西蒙娜蓄势待发。"我的疑虑很简单，"她开始发言，"为什么我们会认为爱是好的？爱常常让人相当痛苦，当恋人没有对爱做出回应，当恋人遭遇不幸甚至去世，爱着的人都会感到无比痛苦，无法聚精会神做其他任何事情。这一点今天早上我们在探讨恋人的不可替代性时已经提到了。爱让人脆弱。"

"但找到恋人并与之相伴终身的幸福是值得承受这些潜在痛苦的。人们坠入爱河时，就是在承担一定风险。没有风险就没有回报，不是吗？"艾丽丝一边说着，一边又给自己倒了杯咖啡。

"不对！"奥古斯丁插了进来，"爱上帝就不需要承担风险。人不会失去上帝，所以人可以毫无恐惧和痛苦地期待上帝的爱。因此我认为我们应当只爱上帝，将其他世俗之物放在一边，除此之外，其他理由我今天早上都提过了。"

艾丽丝看起来若有所思，但西蒙娜赶在她开口前说了下去："嘿，我还没说完呢！我现在只谈对其他人的爱，奥古斯丁，毕竟对我这种无神论者而言，存在上帝之爱的可能性并没有什么意义。就像刚刚说到的，爱别人让我们脆弱，因此也带来了风险。情欲之爱、父母之爱、友谊之爱都是如此，而情欲之爱中隐藏的其他风险更是值得我们深思：即便你幸运地拥有了一段顺风顺水的关系，和对方作为情侣一起生活，过程中没有失去对方，这样的关系也有可能让你失去自己。爱中存在着两种相互矛盾的趋势，其中一种不断增强爱人的独立性，而另一种则起到了相反的作用，不断削弱爱人的独立性。一方面，恋人想要彼此沟通，向对方提出挑战，享受二人世界，而要做到这一点，就需要双方都拥有独立性；另一方面，恋人们又想要与对方融为一体，在思想和行为上都与对方步调一致，而这种一致并非深思熟虑后做出的自认为正确的选择，仅仅是因为这就是**他**的想法。"

"这难道不是……"

"我还没说完呢，伊曼努尔！"西蒙娜冲他亮出手掌，做了一个防御性的姿势喊道，"在特定情况下，比如在具有压迫性这一典型特征的社会中，第二种趋势会占据上风，并且格外有影响力。父权制社会就是这样的社会。父权制社会将男性视作真正的主体，他们可以大展拳脚，成为独立的个体，而女性则只能依靠男性获得社会认同。父权制社会对女性的期待并不是拥有独立的人生，而是嫁得如意郎君，参与进他的生活，通过操持家务和养育孩子等帮助他实现个人成长。在这样的生活中，女性的天赋无法得到充分的发展和实现，最多只能作为兴趣爱好娱乐他人，这让女性时常感到挫败且无聊，而孩子成年离家后，她们的这种心态会尤为明显。为了缓解这种挫败感，或者更多的是痛苦，她们全身心地投入爱中。她们将一切都交付给丈夫，作为对她们的回报，丈夫应当**替**她们生活、成就大事、平步青云。他越是强大，被折断翅膀的她感觉就会越好。对他的爱加剧了她在社会地位方面的无助，使她成为压迫自己的帮凶。

"在这样的环境中，对女性而言，拒绝爱，或是拒绝与男性进入传统的感情关系也许是更好的选择。首先，独立性和爱具有同等重要的地位，甚至可能比爱更重要，可在这样的环境中，女性必然会失去自身的独立性。其次，独立性的失去终究也会对爱造成破坏，这种对爱人的依赖注定不会长久。假如她们发现，她们的丈夫并不像自己想象中那么强大，或者那些男人遭遇了挫折，那他们就无法满足这些有挫败感的女性对他们的需求。假如女性不再独立思考，而是将全部精力投诸丈夫身上，那么随着时间的推移，他也会觉得她不再有趣，不再有吸引力，本应拯救她们的爱也就不复存在了。"

西蒙娜发言时态度坚定且极具说服力，其他人仿佛受到了她那种姿态的鼓舞，也纷纷打起精神来，再次专注于讨论。

"所以你的意思是，相爱的人一直都有放弃自我、完全将自己的独立性交付给恋人的倾向。在父权制社会里，这种倾向得到了强化，甚至被普遍接受，在与男性发生恋爱关系的女性中尤甚。这样做的恋人不仅会失去独立性，最终更会失去爱本身，因为没了独立性的爱注定无法长久。"伊曼努尔总结道，西蒙娜点头同意。

"我当时打断你的时候，你想说什么？"她宽宏大量地问道。

"啊,没什么特别的。而且明明是我打断了你,真不好意思!"

"看看你们一个个的,怎么忽然这么客气了!"西格蒙德笑道,众人也跟着大笑起来,"所以伊曼努尔,你刚才到底想说什么?"

"我刚刚只是想说,这种想要与爱人融为一体的不良倾向可能与对失去对方的恐惧有关。因为我们害怕失去恋人,所以我们总在靠近对方,不断代入对方,将对方的思想和行为当作自己的。这样一来,我们似乎感觉自己可以时刻相伴在对方左右,因为我们变得和对方一样了。刚刚你所提到的'爱情使人脆弱'是一切痛苦的根源,不能简单地单拎出来看。"

"这也有可能,"西蒙娜回答道,"这样说来,对失去恋人的恐惧也导致了自我毁灭的倾向。自我毁灭的倾向不仅存在于情欲之爱中,在各种形式的爱中也都有体现,毕竟一切形式的爱都会以相似的方式让人变得脆弱。的确,也许就是这样,也许每一种爱中都藏着这种自我贬抑的倾向,但最重要的是,父权制度的不平等使这种倾向占据了上风,至少在女性群体中是这样。"

"按你的分析,这种倾向也会影响与女性恋爱的男性喽。"

艾丽丝插话道。

"当然了,父权制对男人来说也不是什么好东西,虽然不仅仅是因为这点,但这确实也是理由之一。"西蒙娜补充说。

"但父权制眼下还没有被推翻,难道男人和女人要因此保持距离吗?这可太难了……至少对异性恋来说挺难的。欲力是一种强大的推动力,想抑制它可不容易。"西格蒙德警告道。

"我觉得大家只是需要练习,需要学会甩开社会在我们欲望上强加的条条框框,接受各种各样的人都能唤起我们情欲的事实,而不仅将眼光局限在所谓的男人、女人,或是所谓的其他什么二元对立上。"艾丽丝自在地甩了甩头。

"或者她们也可以找到一种办法,既能和男性共同生活,又可以尽可能地降低这种自我放弃的风险。例如,典型的市民家庭对女性就有些不利。女性至少应该做到经济独立,保有自己的头脑,认真看待自己,也就是说女性要注重自我教育,多阅读、多思考严肃的问题,而且要工作。"西蒙娜再次补充。

"我……我……独立性真的那么重要吗?"索伦忽然插了进来,"你们所说的那种独立性,在我听来就像一种喜剧般的幻想,像个笑话,你们设想的独立生活并不会给人带来幸福。你们真的觉得选择工作而非照顾孩子就能解决一切问题吗？"

"这你得展开说说！"苏格拉底喊道。他难得地坐在凳子上，胳膊肘撑在桌面上，双手托腮，看起来很感兴趣的样子。

"你们将独立性说得像是世界上最轻而易举的事情，"索伦解释道，"自我控制，管理自己的想法和行为，但这种自我创造也太荒唐了，人类是做不到这一点的。我们自由，并非因为我们可以完全控制自我。想想那些我们最深信不疑的信念——想想我们对他人的爱。是这些属于我们内心最深处的东西构成了我们本身。我们被它们吸引，被调动到其中：我们既不能选择自己的信念，也不能选择自己爱谁。做数学题时，我们只能根据计算步骤相信二加二等于四，由不得我们的选择来做主，只能让真理指引我们。关于其他信念和爱也是如此。我们无法决定爱谁或是不爱谁，只能等待谁来打开我们的心门。只有到了下一步，我们才拥有选择权，才能决定是否要在生活中践行这种信念或这份爱，是否坚持它们，是否将它们视作上天的馈赠。追求完全的自我控制，还要依此来规划自己的生活——不，这是多么糟糕的误会啊，是一场让人悲伤流泪的喜剧，何等地暴殄天物！"

"索伦，你曲解我的立场了。"西蒙娜尖锐地回击道，吓了索伦一跳,"我并不认为独立性就意味着完全的自我控制。严格来说,我们实际上还没有认真探讨独立性的本质,我们的出发点还是一种先于理论的理解,基于这种理解,拥有独立性指的是保有思想的独立,不完全依赖他人,特别是在精神层面。这和你刚刚谈的不冲突吧?如果像你说的那样,独立性体现在有关自己内心状态的主动决定中,那在父权制下爱着别人的女人就是这样失去了自主性:她们不再根据自己的信念决定自己的生活,因为她们太努力地向丈夫的信念看齐,而忽略甚至扭曲了自己的想法。她们甚至无法严肃对待自己的爱,因而可能在不知情的情况下将之亲手葬送。

"教育和工作可以抵消这种影响,但显然还有别的解决方法。它们自然不能让人直接获得幸福,但它们是辅助工具,是让人从压迫和伴其而来的自我异化中解脱出来的尝试!假如我们能生活在一个平等的社会中,人人都被视作主体,对女性而言恋爱关系也不再危机四伏,那自然再好不过。在那样的社会中,也许人们能获得幸福,无须提心吊胆地自由去爱,同时还不至于失去独立的头脑。但爱中本就隐藏着强化自己和爱人的独立性的倾向,也许在一个平等的世界中,这种倾向会得到进一步发展。"

"的确如此……"苏格拉底又晃起了脑袋,"但索伦确实提出了很有意思的一点：要想理解独立性的价值以及它与爱的关系，我们的确需要仔细思考一下独立性的本质。"

"因为如果我们不知道某样东西**是什么**，就无法决定它的价值，对吧，我的朋友？"艾丽丝冲苏格拉底咧嘴一笑。

"完全正确！有关'是什么'的知识还是非常重要的！"苏格拉底高兴地搓着手说，"所以说，什么是独立性？我必须承认，我目前还在斟酌，灵魂到底是不是一种自我推动者。在我看来，灵魂和我们必须受外界推动的肉身不同，是可以推动自身的。"

～♥～

在柏拉图的《斐德罗篇》中，苏格拉底将灵魂视作"自我推动者"，并以此论证灵魂的不朽。按照他的观点，灵魂与肉体不同，不需要外界的推动就可以使自己运动，这种自主运动是发自内在的，也就意味着它可以独立于外部世界而存在。

～♥～

"假如我们将'运动'的定义范围无限扩大，那灵魂就是独立的，并在很大程度上可以实现自我控制。这样一来，它们也要依赖一种对'什么是好的'的设想,因为这种自我推动者,有可能**只有**这种自我推动者会提出问题,考虑它们该如何生活。但也许索伦说得对,这种对灵魂的理解是有问题的。要是柏拉图现在也在这里的话,我们兴许能讨论一下这个问题!但他现在并不在场,他一贯如此,而我其实想说些别的:索伦的发言让我想到,也许我们终究还是可以抛开自我控制来谈独立性的。"

～♥～

在谈话录中,柏拉图几乎从未登场,然而在实际生活中,他作为无比爱戴苏格拉底的学生,自然一直在与他的老师进行讨论。在《斐多篇》里,苏格拉底饮下毒药时的那段对话明确提及了柏拉图的缺席:当时他显然病得太重,无法参与最后一次对谈。

～♥～

"索伦,你刚刚提到了信念,有一点你说得很对,在某种程度上来说,我们确实无法控制自己的信念。我们别无选择,只能相信我们认为真实的事情。但在信念的形成和整个思考过程中,我们是具备独立性的。当然,这个结论并非在所有情况下都适用，而这正是有意思的地方。我们来看下面这三个例子：在第一种情况中，有个人在思考二加二等于多少，然后得出了结论——二加二等于四；在第二种情况中，有个人在思考二加二等于多少，他的老师趴在他耳朵边告诉他，二加二等于四；在第三种情况中，有个人思考二加二等于多少，最后算出了二加二等于三。

"我不知道你们怎么看，但在我看来，只有第一个人真正地进行了独立思考，另外两个人的思考过程都受到了'外界'事物的干扰，而并非完全来自自己的活动。第三个例子里的人也是如此，错误往往来自走神、疲惫或其他原因，它们和老师的耳语一样，都是横亘在思考者及其思想之间的绊脚石。那第一个例子有什么不同？为什么第一个人就完成了独立思考？显然，这不是因为他最后得出了正确的结论，毕竟第二个人最后也得到了正确答案，而是因为他**理解**为什么四是正确答案。假如我们问他为什么二加二等于四，他可以向我们给出解释。因此我建议，独立思考必须是不受干扰地进行的，且最终要使思考者理解他所思考的事实真相。因此我同意西蒙娜的说法，独立性会给人带来幸福，或者至少是幸福的重要组成部分，毕竟我一开始就提到了，在我看来，幸福存在于智慧中，存在于对理念的**理解**中。"

"那独立性与爱之间又有什么关系？"伊曼努尔发问。

"我认为我们首先应当对两个问题做出区分：第一，既然我们无法控制爱，无法主动选择爱，那我们能独立地爱吗？第二，已然降临的爱对恋人的独立性究竟是有益还是有害？"

"我看这很有道理。"伊曼努尔同意道。

"假如一个人可以在不对自己思考过程和信念形成过程进行控制的情况下独立思考，那他也可以这样去爱。"苏格拉底继续说道，"也许当我们理解了为什么恋人值得我们去爱，我们就可以独立地去爱别人。你们还记得我之前提到的吗？我们会在恋人眼中看到理念闪出的光芒。至于第二个问题，我觉得你们不会对我的答案感到意外：在我看来，既然相爱的人能帮助彼此回忆起理念，并由此理解世界的本源，那爱对双方的独立性必然是**有益**的。我认为爱也并不会真的让人变得脆弱。相反，**没有爱**的人才更脆弱，他们只能在黑暗中摸索，无法理解任何事物，也无法理解自己，还要经受各种外在影响的考验，比如对金钱和权力的渴望、虚幻的耳语，等等。这些影响往往会耗尽人的一生，使他无法获得幸福。但在有些点上我还是同意西蒙娜的意见，在不平等的社会中，确实存在一些社会性情况，阻碍爱人们对理念的回忆。我们只有争取平等，才能给爱和独立性一个发挥作用的机会。"

"平等这个话题我们之后会再详细谈的！"伊曼努尔一下一下地戳着会议日程说。

"等一下。你们之前为什么没有反对父权制？"艾丽丝问。她的目光从苏格拉底转向伊曼努尔和奥古斯丁，又看向索伦、西格蒙德和马克斯。他们窘迫地陷入沉默。

"有很多事情是我们之前没有看到的。"终于，伊曼努尔开了口，"不平等就是这样发生的。我们将这种不平等视作常态，视作合乎自然客观规律的理所当然。我们纵容的不仅是父权制，我们还纵容性别歧视、种族歧视……我们允许甚至助长了阶级差异……哲学并没能让我们免受这些错误观点的影响。有些偏见在人们心中扎根太深，要消除它们怕是需要几代人的努力。"

苏格拉底低下了头，奥古斯丁嘟囔道："我看我们需要休息一下，现在大家都继续不下去了。"

"不，先生们，我们必须继续下去。哲学终究还是有用的！比如伊曼努尔，你说每个人都拥有尊严，你这个观点是当下所有争取平等者的重要武器啊。"艾丽丝反驳道。

西蒙娜表示同意，抓起桌上的水瓶，开始绕着桌子给大家倒水："我们需要的只是多加留意，不要忽视了自己的偏见。当然这并不简单，因为我们往往注意不到它们。即便这些偏见和我们自己提出的理论自相矛盾，也只有极少数的人能识破这一点。我们必须相互帮助。"两位女性坚持要将讨论继续下去，于是其他人也打起了精神。

～♥～

一系列心理学实验表明，除外显的偏见，人们潜意识中还广泛存在着针对特定社会边缘群体的"隐含偏见"。例如，虽然人们表面上认为女性和男性一样，都拥有从事科研工作的能力，但他们可能下意识并不这样觉得。无意识偏见之所以危险，是因为它会在人们意识不到的情况下左右人们的行为。因此，对"隐含偏见"进行进一步研究，并提出相应的解决策略至关重要。

～♥～

"伊曼努尔，你可是独立性的专家，关于苏格拉底的想法你怎么看？"艾丽丝捡起了话头。

伊曼努尔皱了皱眉头，试图重新聚精会神地思考这个话题："嗯……在独立性的本质这方面，我大体上同意苏格拉底的看法。一个独立的人会为自己制定规则，决定自己做什么，而非简单盲目地听从统治者或是其他人的指令。当然，这并不意味着他做事随心所欲，想一出是一出。为所欲为同样是一种受人操控的表现，和受统治者支配的不独立很相似。为自己制定规则就意味着只听从自己对行为的判断行事。除此之外，其他一切行为动机对我们来说都是陌生的，来自自我之外的外界，即便是让我们摇摆不定的内心倾向也是如此。它们并非真正的**我们**，更不是我们拥有自主意识、思考着的自我。这样说来，独立性并非像索伦说的那样，是一种对自我内心状况的延后认同或选择，我理解得对吗？"

索伦睁大眼睛看着他，一言不发，于是伊曼努尔只好继续说了下去："这种决定必须是思考着的自我得出的结果，因此必须基于人们的理解，苏格拉底刚刚关于错误的看法是对的。但这种认识，这种应当选择某种特定内心状态的认识，实际上意味着人们认为这种状态是对的。换言之，这就是对信念或行动原则真实性的认识。"

"关于爱你可一个字儿都还没提呢，伊曼努尔。"苏格拉底提醒他。

"因为在我看来爱太难了。"

"可你最想要的不就是爱嘛！"西格蒙德大喊道。他的话戳中了伊曼努尔的痛处。

伊曼努尔尴尬地笑了笑说："没错，你说得很对，西格蒙德。**先前**，我将人与人之间那种排他性的爱也归到了来自外界的倾向中去，我认为这些倾向不能成为独立行动的动机。如果这样想的话，人既不能独立地去爱，爱也无法培养人的独立性。只要人们不被爱牵着鼻子走，它就不至于伤害到我们，但只要人们向爱屈服，以爱为动机行事，那就失去了独立性。"

"所以你现在改主意了？"苏格拉底满怀期待地扬起眉毛。

"不管怎么说，我现在甩不掉这个想法：你有可能说得对，实际上爱并非一种倾向，而与人们对美好的理解息息相关。但这种想法我一时间还想不通……"

"各位！"马克斯忽然开了口，"我受不了了，我不想再谈独立性这个话题了。我们一开始不是想谈幸福嘛！"

"对，假设爱和独立性都是幸福的组成部分，但由于二者在特定情况下会相互排斥，我们也就无法同时拥有爱和独立性。既然如此，我们很有必要论证一下这背后的原因，以及让这二者相互排斥的情况究竟是什么。所以我们现在讨论的其实还是幸福。"西蒙娜解释道。

"好吧，但为什么爱在人类的幸福中扮演着这么重要的角色呢？"马克斯坚持道，"刚开始你们倒是提到了这个问题，但之后就没人再去深究。我们之前说，尽管爱让人变得脆弱，但在某些情况下，爱也能帮助我们实现独立，苏格拉底甚至认为，我们可以凭借爱情的帮助学会理解世界。谁能再跟我说说，爱究竟好在哪里？"

"你有什么想法吗，马克斯？是什么问题让你这么急切呢？"奥古斯丁问道。

"你们说，对爱人而言，爱会不会好就好在与它相伴而来的这份脆弱呢？奥古斯丁，你刚才说我们应当爱上帝，因为上帝之爱不会让我们失望，也不会让我们感到脆弱。但脆弱很好地反映了我们在人间生活的状态，如果用西蒙娜的话说，这是一种很真实的状态。"

马克斯忽然提到了她，让西蒙娜看起来有些震惊。他继续说："我们活在这世上，本就没什么东西是真正属于我们的。时间滚滚向前，将一切都从我们身边带走了。"

西蒙娜灵光乍现："这样一来，我们的任务就变成了学会放手，让对方离开。"

"没错，但不只这个，我们还要感受对方的离开究竟**意味着**什么。感受这种痛苦，也就是要去理解对方是不可替代的，理解这种价值的存在。这种认识让我们不致沉溺于忧郁之中，还让一切都变得美好。相爱的人不会追问生命的意义究竟是什么，也许理论上会，但不会出于存在的目的发问。当我们坠入爱河，或怀抱着自己的孩子时，这一问题的紧迫性就烟消云散了，答案会真切地展露在我们面前：我们活着，是为了看到这种美。"

"如果没有脆弱，那我们也就看不到这种美了……有点儿意思。"西蒙娜陷入沉思，"所以脆弱具有两面性：一方面，对我们理解对方的特别和不可替代性，乃至感受与这种理解相伴而来的幸福而言，脆弱感不可或缺；另一方面，它让我们感到恐惧，让我们试图紧紧地抓住对方，比如像我们刚刚谈到的那样，以一种有问题的方式与对方融为一体。"

"不管怎么说，在我看来，为了接近这种美，经历痛苦和危险都是值得的。苏格拉底说得对：没有爱，一切都会糟得多。"马克斯总结道。

伊曼努尔忽然显得相当心神不宁。他"哗哗"地翻起面前的稿纸，寻找他的怀表。严格来说，现在还不到他散步的时间，但他还是起身喊道："我出去透透气，一会儿见！"他礼貌地冲桌边的各位点头示意，但并没有再次邀请他们与自己同行。客人们面面相觑，但还是听从命运的安排，一边活动着腿脚，一边等他回来。

第七章

存在拥有爱的权利吗？

索伦·克尔凯郭尔为邻人之爱高歌一曲。与会众人开始思考，爱是否不公平。

伊曼努尔回来时，众人已各回原位，手里的笔也都旋开了笔盖，准备继续记录。他急忙赶回自己的座位，一坐下便开始咳嗽起来。西蒙娜一只手放在他的胳膊上，用询问的眼神看着他："你还好吗？"

"外面的风好冷。"他解释道。

"我可以给大家泡杯茶。"艾丽丝提议道。伊曼努尔有些无助地点点头，揉了揉眼睛。他刚刚哭过吗？

艾丽丝不仅接下了泡茶的任务，还接下了开启讨论的重任。她走进厨房，给伊曼努尔倒了杯茶，将滚烫的茶壶放到桌子上。"女士们、先生们，爱真的公平吗？"她扮了个鬼脸，颇具戏剧性地发问。"爱不公平。"她的声音严肃了起来，"至少乍一看如此。能被我们爱上的人少之又少，而这些人也未必珍惜我们的爱。我们将自己拥有事物中的绝大多数献给我们的爱人：时间、注意力、情感上与肢体上的关注、金钱、庇护，诸如此类，不胜枚举。但其他人难道就没有同样地，在某些情况下甚至更迫切地拥有这些的权利吗？"

"拥有爱的权利还是拥有这些资源的权利？"西蒙娜问道。

"二者都是！也许为拥有爱的权利辩护更难一些。你们怎么看？我们先谈谈资源分配，之后再说爱的权利。我们可以依着自己的心意，随心所欲地让资源向爱人倾斜吗？我是指在道德层面上。"

"这应该取决于我们怎么从广义上看待资源分配。"马克斯提醒大家，"我们可以接受不平等的分配吗？除此之外，这和我们分配的资源也有关系。也许我们在道德上有义务，应当在获得一定量的金钱后分一些给穷人。打个比方，我们不能因为喜爱自己的孩子，希望他们开心，就在其他孩子还吃不饱饭的情况下给他们买一件又一件昂贵的玩具，我们应当将这些钱捐给帮助贫困儿童的组织。但到了情感上和肢体上的关注这里，情况就有所不同了。毕竟第一眼看上去，我们拥抱的对象、拥抱的时间、拥抱的频率，都完全是由我们自己决定的事情。"

"那下面这个例子你怎么看？"现在说话的是奥古斯丁，"你站在湖边，看到水里有两个遇险的人，他们用胳膊拼命划水，大声呼喊求救。你很清楚，你只能救其中一个人，而除了你，湖边没有第二个人。你必须尽快行动，究竟救谁？你试图快速做出一个公平的决定，你会想，这两个人同样有权获得自己的帮助，要不还是抛个硬币决定吧，或者让水流替自己决定。你仔细望去，忽然发现两人中的一个竟是自己的女儿！恐惧扼住了你的喉咙，你不再多想，径直跳入水中，赶去救她。而如果在水中遇险的不是女儿，而是我们的爱人，想必我们也会做出同样的选择，不是吗？"

大多数人点了点头。"所以你的结论是？"艾丽丝催促道。

"在我看来，这个例子表明，当所爱之人陷入危难时，爱着的人是无法冷静思考公平与否的。分配是否公平的问题基本上无法影响他们的行为。而这似乎是爱的一部分：假如一位父亲面对上述情况，依然能冷静地权衡公平的问题，并最终选择救那个陌生人上岸，却不救自己的女儿，我们难道不会对他的父爱产生怀疑吗？假如我们的确对此产生了怀疑，那就说明爱在道德层面上有着本质性的问题。作为爱着别人的人，无论是送昂贵的礼物，还是将省下的钱捐给慈善机构，都不能帮我们回避这一问题。当然，不要误会我的意思，这两件事我们还是该做，在道德上我们还是有这样的义务的。但即便这样做了，我们依然没有触及本质性问题：在**紧急情**

况下，人们会忽略道德要求。在这个问题面前，作为爱人的我们无可逃避，因为这是爱的一部分。"

"不过在我看来，爱者在紧急情况下偏爱自己的恋人好像也没什么可指责的……"西格蒙德大声说出了自己的想法。

"的确，我们甚至可以从道德层面为爱者的行为开脱，毕竟他们中的大部分和自己的恋人之间都有一种特殊关系，这种关系往往暗含或明示了一份承诺，要求双方在危难之际帮助彼此。当人们与另一个陌生人之间没有这种承诺时，他们心中的天平自然会向他们所爱之人那一头倾斜。但问题不是爱者在拯救恋人时做出了在道德上而言错误的选择，正如刚刚所说，也许这种行为在道德上是正确的，而是他们可能**根本没有**做出道德上的选择。在那一刻，他们已经不在乎公平对自己的要求了。因此即便他们的行为与道德要求的一致，也不过是纯粹的**意外**罢了。"奥古斯丁解释道。

"所以问题不在于他们的行为，而在于他们行为的动机：他们只想着自己所爱的人，而非道德层面上的权衡。"西格蒙德阐释道。

"没错，我担心的就是这个。"奥古斯丁点点头，"有些人认为，只有由在道德层面上正确的思考驱动的行为才能算是合乎道德。对他们而言，爱在道德上是有问题的。"他向伊曼努尔抛去一个颇有深意的眼神，后者耸耸肩作为回应。奥古斯丁继续说："即便是在通常情况下不重视动机的结果主义者也要注意了：毕竟在湖边救人的例子中，将依道德行事的选择全部交给意外概率可不是获得最佳结果的稳妥方法。在这种情况下，爱者能否正确行动也是很**随机**的。"

"但这难道不是很好原谅的吗？爱人遇险和我们自己遇险几乎没有区别，甚至更糟。在这种情感层面上的例外情况面前，人不可能清楚地思考，几乎只能依靠本能行事。"西格蒙德穷追不舍。

"行吧，但在道德层面上可以原谅并不等同于在道德层面上可以允许。假如父母出于对孩子的爱，在法庭上否认了他们犯下的罪行，这种行为也许是可以被原谅的，甚至可能不会被惩罚，但它毕竟还是错的。"

"假如爱者不是要在恋人和另一个人，而是要在和**更多**的陌生人之间做出选择呢？比如说要在自己的女儿和另外一百个人之间做出选择，但不可能两方都救……"西蒙娜沉吟道，"我倒是可以想见，很多爱者依然会选择救自己的女儿，因为他们别无选择。但假如他们救了那另外的一百个人，这也未必就意味着他们不爱自己的女儿。我认为不能排除这种可能性的存在，即尽管爱者因失去女儿而遭受了巨大的痛苦，但他们依然会在这种情况中接受道德考量的指引。换句话说，奥古斯丁，也许你在爱者与道德的关系这个问题上太悲观了。"

"这么害怕爱可不像你啊！"苏格拉底也加入了劝说奥古斯丁的阵营，他将双臂抬过头顶，"你以前可是说过：'去爱吧，然后做你想做的！'这难道不正说明了爱在道德层面上是件**好事**吗？不仅如此，照你这话看，爱着别人的人难道不正是完全**不会**做错事，可以放心地按照自己的心愿行事吗？此言妙哉！我甚至有这样的怀疑：一切无法解释为什么爱有价值的道德理论必然都是错的，特别是那些最终得出了相反结论的理论！你们也都知道我为什么这样想。没有爱，人们就无法理解理念，不理解理念的人也就做不到公平。尽管爱始于这种极端的、对某一个体的聚焦，但爱会渐渐打开爱者的心门，使得他们能够包容世上的一切，并教会他们不再单单关注自身，让他们不仅关注自己的恋人，也学会关注其他人。你们怎么看？"

"嗯，爱和这种对不确定的忧虑总是相伴而来：无论发生什么，我都会帮助你——爱着的人们俯在恋人耳边认真地许下承诺。**无论**发生什么。从一方面看，这种不确定性会造成不公正，但从另一方面看，这也正是爱特别的地方，是我们眼中爱的**美妙**之处。我们很难从道德层面上对美做出评判，凡是在我们看来美的东西，我们也会认为是好的。审美评判和道德评判是紧密相连的……"艾丽丝说出了自己的思考。

"尽管我们都希望拥有一个在道德上完美无瑕的世界，但没有爱的世界必然是可怕的，也是我们不希望看到的。因此，在道德上完美无瑕的世界必然要将爱包含在内，也就是说爱并不一定是不道德的。"西蒙娜总结道。

伊曼努尔看起来慢慢恢复了精神，在听到西蒙娜的论点时，他坐直了身子，对她露出一个微笑。伊曼努尔还没来得及加入讨论，奥古斯丁就又开了口："去爱吧，然后做你想做的——这只适用于**真正的爱**。那些真正的爱者的确可以完全依靠自我意志行事，因为爱上帝就意味着将其他人视作自己的邻人，将世界上所有人视作与自己平等的人。如果一个人一直认为人人平等，即人人同样有价值，也有同样的缺陷，都享有同样的恩宠，那他必然是公平的。他不会偏爱任何一个人，假如他站在湖边，看到两个即将溺水身亡的人，那在他眼里这两个人会都像他女儿一般珍贵。这种爱自然属于在道德上完美无瑕的世界。在道德层面上存在问题的爱只是两人之间排他性的爱，是让人偏爱恋人胜过其他一切的爱。"

说到这里，索伦从座位上站了起来，他转向奥古斯丁的方向，目光却越过他落在了桌面上："不，**每一种爱**中都蕴藏着邻人之爱的火花，即便是排他性的爱依然如此。假如我们给它机会，它自然会转向公平，正如花朵会转向太阳。这种爱的渴望往往是自私的，它想要独占恋人、偏爱恋人，这是不公平的。父母之爱、友谊之爱、情欲之爱，正如苏格拉底所说，它们别无二致，都带着情欲。但尽管如此，这种爱依然是一种神圣的情感，而非一种普通的情绪。它在恋人身上看到了邻人的存在，从而理解了全人类本质上的平等。它看到对方同样是人类，并领会了其中的深意：对方是**无可替代**的存在。没有爱，人就无法理解这一点。而当爱者看清自己所爱之人是人类时，他们其实就是在爱对方的过程中爱着所有人类。每一个人都是独立的主体，都无可替代，他们因此而平等，因此而成为邻人。

"当然，想要追随着爱，真正地将这种认识付诸生活之中并不容易。我们被困在自己的困境与欲望打造的牢笼之中，屡屡屈从于诱惑，想要与爱人建立一个将其他所有人排除在外的世俗共同体。假如我们这样做了，我们就不仅忽视了那些被我们排除在外者的人性，更忽视了我们恋人的人性，还有我们自己的人性。当然，认为真正的、纯粹的爱中不存在渴望与欢愉也是错的。这种纯粹之爱同样渴望恋人，让爱者心中充满无上的欢乐,但这种渴望不是世俗的渴望,也绝不自私自利:它渴望的不过是恋人能好好生活。在恋人身边时,它会感到欢喜,但拥有这种纯粹之爱的人不会想要建起一座高墙环绕的房子,依照自己的规则与恋人生活其中。他们会与对方生活在另一个时空之中。"他忽然唱了起来,"醒来吧,一个声音向我们高喊!守夜人站在高高的塔端……"他一口气唱完了第一节歌词,脸越唱越红,但还是勇敢地接着唱起了第二节,"锡安山听到守夜人的歌唱,心中快乐又舒畅,急急醒来忙梳妆……"一直这样唱了下去。

～♥～

此处索伦唱的是菲利普·尼可莱 1599 年创作的歌曲《醒来吧,一个声音在高喊!》。在此曲基础上,约翰·塞巴斯蒂安·巴赫创作了著名的同名清唱剧。索伦·克尔凯郭尔是极为虔诚的清教徒,他在多部著作中探讨了宗教生活的意义是什么。

～♥～

西蒙娜疲惫地将额头埋进手心里,其他人则静静地听着他放声高歌。艾丽丝带着做梦般的神情看着他,一曲结束后，她开了口："我们要怎样遵从爱的要求……我们该怎么做呢？"

西蒙娜盖过了她："依索伦看，爱必须先被提纯，成为邻人之爱，才能成为符合道德要求的世界的一部分。但在我论点的第一个前提里，我们谈到的是排他性的爱，是没有提纯的爱，就是它本来的样子。换句话说，我们孜孜以求的爱、离了它世界都会显得索然无味的爱，其实并非邻人之爱，而就是这种看似在道德上有风险、有着**世俗**渴望的爱。因此这种爱也必然属于符合道德要求的世界。"

"没错，人们要想活下去，需要的也恰恰是这种排他性的爱。"西格蒙德附和道，"我们不仅对它孜孜以求，它对我们更是**不可或缺**。例如，无数心理学研究表明，缺乏父母之爱的孩子很难很好地长大成人，他们对探索周边环境的兴趣要比普通孩子低得多，在学习上也会出现问题，而且很难与其他人建立稳定的人际关系。爱的缺乏甚至会切实地在躯体层面有所表现：即便没有器质性病变，营养条件也很正常，这些缺乏父母之爱的儿童也会发育得显著迟缓，他们更容易生病，活得也更短。"他沮丧地耸耸肩，艾丽丝长出了一口气，听起来仿佛悠长的叹息。

〜♥〜

实际上，的确有许多围绕着这一主题展开的研究，其中一些研究聚焦在医院或孤儿院长大的儿童身上，而另一些则对"非器质性生长迟滞"和"心理社会性侏儒症"等现象展开探究。这些现象也会出现在与父母一同生活的孩子身上，（依据推测）他们因不受关爱而生长发育迟缓。假如相应地改变了他们的周边环境，他们的发育进度依然能够追上正常儿童。除此之外，还有基于所谓"依恋理论"进行的研究，它研究的是亲子之间的特定关系模式对孩子社交能力与智力发育有着什么样的影响。有关以上三个子领域，书后参考书目中均列出了更为详细的文献参考。

〜♥〜

"那要怎样才能知道，在这些测试中测量出的确实是爱，或是对爱的缺乏呢？"西蒙娜问道，"爱也很可能被和体贴关照联系起来。假如没有了爱，这种关怀的质量可能也有所下降。也许孩子需要的并不是爱，而是这种高质量的照料。我的意思是，我觉得他们需要爱这个结论很说得通，但我只是好奇这些研究是怎么证实这一结论的。"

"这确实很难说清楚。"西格蒙德表示赞同,"但也有一些孩子,他们在管理非常好的医院或孤儿院长大,接受的照顾质量非常高,但即便是在这些地方,我们也能观察到儿童发育停滞的现象。他们需要的似乎确实是一种关注与**特殊的照顾**,这种关注与照顾只能来自爱他们的人,但倒也未必是他们的亲生父母。"

"我懂了。"西蒙娜点头,"为什么会这样呢?孩子如此依赖充满爱的关注与照顾,可它们究竟有什么特别之处?"

"也许因为爱的缺失而造成对周围环境缺乏兴趣可以解释这一点。"艾丽丝思忖道,"当孩子被某人爱着时,他们对学习会有更大的兴趣,会向一切方向伸出'触角'进行探索。这种兴趣驱动着他们,鼓励他们养成各种能力:先是学会用手抓住眼前会动的事物,然后学会爬,学会走,学会解决各种各样的问题。离了兴趣这个推动器,想要掌握这一切可就难多了,他们就只能滞留在原地。在某种程度上这很像抑郁症:人对世界失去了兴趣,生存本能也丧失了积极性,从而拖慢了身体的成长速度。"

"可这是**为什么**呢?"西蒙娜将双臂举起,朝向天花板。

"我接着猜一下。"艾丽丝将双手覆在茶壶上,试图取暖。

"爱着孩子的父母本身会有和孩子一起探索世界的兴趣……"

"对！"苏格拉底激动地打断了她，"朋友们，这可证明了我的理论啊！爱是一种想要与被爱者进行对话，想要与对方一同探索世界的渴望。爱着孩子的父母对自己的孩子也怀有这样的想法。他们从一开始就将孩子视作自己的对话伙伴，无比渴望能理解对方是从什么视角看待世界的。这种渴望仿佛一种呼唤，仿佛等待着答案的问题，而孩子则会对这种渴望做出回应，他们会用父母的眼光观察自身，他们会学会将自己看作主体，认识到自己的想法和言语是有分量的，对他人来说也是有趣的。"

"所以我们之所以认为世界有趣，是因为其他人对我们有关世界的看法感兴趣？"西蒙娜发问。

"呃，对，也许是这样吧……"苏格拉底摇晃着身体。

"要是这么说的话，那我们很容易产生这样的感觉：理解世界不是人类自身的目的，而是与他人建立联系的方式和手段。"西蒙娜继续引导他。

"啊，我还真担心过你会想到这个方向上去。"苏格拉底回答道，"这的确是个很有趣的假说，但你知道，我是很难接受这个想法的。我先前解释了我对幸福和对自身目的……唯一的自身目的的认识，我现在依然坚持自己的观点。尽管如此，我是这样想的：父母对孩子的爱鼓励着孩子去理解世界，父母饱含爱意的眼光也让他们回想起理念，回想起他们同样是渴望理解理念的灵魂。"

"这跟我们这场争论的主题有什么关系？在道德层面上爱是好的，还是坏的？是被允许的、必要的，还是被禁止的？这些我怎么知道？"马克斯又不耐烦起来。

"简单概括一下之前的讨论。"艾丽丝认真地接过了主持人的重任，"我们扪心自问，人与人之间的爱在道德上究竟有着什么样的地位。一方面，我们有怀疑它的理由，毕竟爱者会偏爱自己所爱的人，而这种偏爱在道德层面上并非总说得通，似乎爱者在某些特定情况下无视道德也是爱的一部分。另一方面，我们显然无法接受在思想层面上完全将爱排除在一个在道德上完美无瑕的世界之外，这里被排除在外的不仅是将恋人视作与其他人完全平等存在的邻人之爱，更是具有**排他性质**的爱。在普普通通的父母之爱、友谊之爱和情欲之爱中，存在着一些具有道德价值的事物，让我们无论如何都不愿将之排除在这个美好的世界之外。有可能我们需要用这种爱来学习，我们间接地需要它，好让自己生存下去，最起码我们也需要被爱，但假如苏格拉底说得对，那我们需要的就不仅是被爱，还有爱别人。更准确地说，我们之所以需要被爱，是因为爱是被爱的结果。现在是时候打破这个僵局了，如果可能的话，我们该对爱做出一个明确的判断了。"

"你忘了，我们还要谈谈拥有爱的权利呢！"马克斯补充道，"如果说孩子的成长特别依赖爱的话，那我们就很容易认为，他们是有权拥有爱的，正如他们有权拥有其他类似的生存必需品，例如食物、饮水、身体的完整性、基本的健康保障等。"

"有权拥有所有人的爱？！"西格蒙德扬起了眉毛。

"不，当然不是。人们是不会指望走在大街上时路边随便哪个人都会对自己付出这种排他的爱的。但也许每个孩子都有权拥有来自他们父母的爱。这样想下去，也许未必人人都有权拥有所有人的爱，但也许至少每个人都有权拥有某个人的爱？毕竟即便是对成年人而言，被爱也是宝贵的财富。"马克斯解释道。

"如果存在拥有爱的权利，那必然也存在着相应的义务。"伊曼努尔断言，"如果我们有权拥有某样事物，那我们自然可以从某个人那里索取。尽管排他之爱的情况较为简单，但同样没人会出于义务去这样爱别人。父母之爱同理，因为人们无法控制它。'应当'背后隐藏着可能性。鉴于人们不能像按按钮一样，随心所欲地决定自己什么时候去爱别人，那人们也并没有义务去爱。"他短暂地停了一下,又补充说,"不管怎么说,第一眼看上去……"

"你这会儿很动摇啊,对吧?"苏格拉底探寻地盯着伊曼努尔,后者不为所动。

"我们确实不能像按按钮一样轻易爱上别人,但这并不等同于我们完全无法控制爱。"艾丽丝说道,"爱是可以练习的,而至少父母有练习的义务。在绝大多数情况下,这种练习也没有理由失败。认真对待这种练习的人,自然也是会爱的。"她特意在最后几个字上加重了语气。

"这要怎么练习?"伊曼努尔向前探过身子,期待地睁大了眼睛。

"这个嘛……"艾丽丝微笑道,"我觉得艺术可以助我们一臂之力。"

"你为什么会这样想?"伊曼努尔坐在椅子边上。

"稍等一下!"西蒙娜插进来大喊,"你们设想一下,假如世界上每一个人都被人认真爱着,这样一来,你刚刚有关湖边救人的问题是不是就解决了?"她转向奥古斯丁:"在这种情况下,所有人都有了在危难时刻来拯救他们的人,他们就像我们的辩护律师,无论发生什么,总会站在我们这边,关注着我们的安危。至于我们溺水时,这个可以按字面意思理解，也可以看作一个比方，他们是不是就站在岸上，这和我们所在水域的水流湍急程度一样，完全是运气问题。这样是不是就不存在不公平的问题了？现在人人都能获得这种特别的、爱所特有的、无条件的援助了，这也解释了我们为什么可以放任排他性的爱进入在道德上完美无瑕的世界当中，为什么即便它让我们偏爱自己的恋人，我们也不愿放弃它。我们要做的，只是想办法让人人都被爱而已……"

奥古斯丁皱起眉头，想要反驳些什么，却被伊曼努尔抢了先："假如我们知道了该如何练习爱，也许我们真能想出办法呢。艾丽丝，爱和艺术是怎么回事？"

第八章

爱的艺术

艾丽丝·默多克向众人解释,为什么只有先忘却自己,才能真正去爱。

艾丽丝甩了甩头发,用手拢了拢鬓角,短暂地闭了下眼睛,然后开口说道:"一件伟大的艺术品之所以美妙,就在于它可以把所有人从自我沉醉中拽出来。作为观众的我们不需要有什么基础知识,甚至不需要故意这样做,艺术就会穿透我们的内心;我们不必想着什么特定目的,就会不自觉地为了它本身而去欣赏它。在这种情况下,我们很容易进入一种沉浸其中的状态,我们的注意力完全集中在我们观察的事物上,我们的精神完全被它占据,平日里让我们不得安宁的那些喜怒哀乐,那些期待、欲望和恐惧也暂时平息了。鉴于我们不再沉浸在与自身相关的种种利益关系中,这种情况也可以说是'忘记了自己的存在'。但在这种情况下,人倒是进入了一种与自己独处的状态,外界的一切都显得疏远了。这可真有意思,人在忘记自己的存在时却恰恰接近了自己。

"之所以产生这种感觉,是因为我们在这一刻客观地看待了周遭的世界，现实因此进入了我们的心灵世界，而正是现实让我们感觉自己找到了归宿。通常情况下，日常生活中这种以自我为中心的利益考量限制并扭曲了我们看待世界的眼光。它织就了一张幻觉的纱，将我们裹入其中。譬如说那些与我们并无直接关系的人，他们在我们眼中就是不完整的，甚至根本不存在；而当我们看待那些让我们害怕、让我们渴望，或是让我们有所期许的人时，我们又会戴上有色眼镜。但在之前说到的这种沉浸中，蒙在我们眼前的纱被取下了，一切都变得清晰起来。

"人们时常说'爱使人盲目'，但实际上爱不仅不会让人盲目，反而让人**看得更清楚**。当我们爱上某人时，我们会像看待艺术品一样清楚客观地看待对方，不再受到自我的蒙蔽与痛苦的干扰。这种独特的专注与爱相伴而来，和沉浸在艺术之中的体验非常相似。

"当然，这样看待一个人并非易事，最首要的理由便是我们无法随便决定是否这样做，这不是我们能控制的事情，至少不是我们可以**直接**控制的，因此我们也不能控制爱……这个我们之前谈过了。由于我们很难意识到我们眼前这张纱的存在，我们也很难将它取下。换句话说，我们并不知道我们看待世界的眼光中存在盲点，如果我们知道，那它们也就**算**

不上盲点了。尽管我们知道每个人都有盲点，但只要它们存在，我们就无法得知盲点究竟在哪儿，也就是说，我们无法明白被遮蔽、被扭曲的究竟是什么。

"尽管如此，我们依然可以做些什么，而不必无助地等待外界援助，以求醍醐灌顶。我们不知道盲点究竟在哪儿，但知道它们产生的原因，那就是我们的自我。假如我们知道了该怎样让自我平息下来，不再扭曲、左右我们，便可以间接地施加影响，有机会重见光明。这时就是艺术——不仅是美术作品，还有优秀的音乐和文学作品——大显身手的时刻了。当艺术让观者沉浸其中时，它就向他们展示了全身心地投入并感受某件事物是什么样的感受。除此之外，观者还学会了如何进入全神贯注的状态。人们越是经常欣赏伟大的艺术作品，就越容易在其他情境中重现这种状态，直至这种看见成为他们的第二天性。接触艺术可以潜移默化地改变我们，而这种改变往往是根本性的，我们也可以将之称为爱的练习。"

"那艺术为什么会有这种特别的力量，能将毫无准备的我们从自我沉醉中拽出来呢？"西格蒙德颇为吃惊。

"这个嘛，我觉得应该是因为至少**伟大的**艺术本身就是一种启蒙体验的产物：艺术家以自己豁然开朗时刻的所见所感为基础，创造了艺术。艺术不会将事物简单化、普遍化或是抽象化,即便艺术将某样事物抽象化了,那它的抽象方式也必然与科学的不同。艺术让我们意识到他人经历过的真实情况,以及那些情况发生的密度和复杂性,代表了一种充满爱的眼光。因为我们像飞蛾具有趋光性一样,被真实吸引着,所以我们会跟随艺术家眼光的指引,让他们带领着我们前行,直到我们可以在不借助外力的情况下带着爱感知世界。"艾丽丝解释道。

伊曼努尔依然笔直地坐在桌子边,认真地听着:"艾丽丝,你说与爱结伴而来的是这种独特的看见,按照我的理解,这种看见指的应该不仅是'看清楚'吧?除了清晰的眼光,其中应当还有激情的成分?比如对恋人的渴望?"

艾丽丝似乎并没有想好该怎么回答,于是伊曼努尔继续说了下去:"我只是不明白,你认为这种清晰的眼光与忘我状态有关,那忘我与激情难道不冲突吗?渴望不就是以自我为中心的吗?这样推断下去,爱的内在岂不是存在着不可调和的矛盾:一面是忘我,一面是以自我为中心?"

"倒也未必。"艾丽丝慢悠悠地反驳,"在沉浸状态中的人并非无欲无求,恰恰相反,在这种情况下,我们往往会忽然意识到观察对象的美妙绝伦,诸如约会时间、日程安排、职业规划和职责义务等世俗琐事失去了我们的吸引力,我们选择直接依照渴望行事，因为渴望就是对美妙事物最合适的回应。但与之相比，自我的欲望指向的并不是美好的事物，其目的往往只是平息自身的痛苦，我们熟知的这些痛苦是让我们沉浸在自我中的罪魁祸首，也是织成那道纱的原料。"

"所以说至少存在着两种渴望：一种是客观目光的渴望，另一种是自我的渴望。你看第一种能不能被称作**无私的渴望**？"伊曼努尔试图刨根问底。

"这要看你怎么理解'无私'了。"艾丽丝用食指在桌上划动，画出无形的圆圈，"无私的渴望当然存在，比如有人特别在意别人的幸福，一心一意希望对方过得好。但客观目光的渴望并不一定是**这种**'无私'：当一个人因为另一个人的美好而渴望对方时，他肯定也希望自己能从中获得些什么，他想留在对方身边，想更长久地看着对方，想伸出手去触摸对方。但这种以自我为中心的行为并非坏事，因为它并不会扭曲我们的眼光。欲望来自恋人的真实性，而非只想着舔舐自己伤口的自我。激情和客观性并非水火不容。"

"按你的说法，当我观察某个人时，艺术可以让我的眼光更清晰，可以更客观地看待对方。但假如我没有在对方身上看到美好的东西，那这种观察也不一定会发展成爱，对吧？要想收获爱还是得走运，要遇到对的人，只靠练习不一定能获得成效。"西蒙娜试图搞明白这个问题。

"但终归每个人都是美好的。"艾丽丝用自信的声音回答道,"在蒙蔽我们的自我背后藏着一个不可替代的存在,这个存在是有尊严的,正如我们今天上午讨论的那样。对爱而言,用客观的眼光看待另一个人已经足够,当我们看清了对方,渴望自然也会降临。正因如此,我们可以满怀希望地去练习爱,毕竟大多数人还是渴望爱别人的,特别是身为父母的人。因此,尽管我认为理论上并不能否认这种责任的存在,但我们其实并不需要像刚刚讨论的那样,让他们负起爱的责任。可是,假如父母从一开始就没有感受到自己对孩子的爱,那他们肯定还是需要独自练习一番的,但这与责任义务无关。"

"但这样一来岂不是在暗示我们,自我并非挡在我们与爱之间唯一的绊脚石?"奥古斯丁观察道,"我在想象这样的父母:他们想要去爱自己的孩子,却没有感受到这种爱的存在,比如在孩子出生伊始没有和孩子产生情感纽带,因此痛苦万分的母亲。直接指责她自私是不是有些太不公平了?这也可能是抑郁症的后果,她想要去爱的愿望本身不就是无我的体现吗?"

"呼……好难的问题。"艾丽丝一边思考着,一边用手指敲打桌面,指尖又画起了圆圈,"我想到了两个可行的答案:

其一，并非每次被自我蒙蔽都是我们自己的问题，抑郁症也很可能导致这种情况发生；其二，我现在也在思考，例子中这种想要去爱的愿望是不是可以算作爱的萌芽。例子中的这位母亲已经看到了自己的宝宝是值得被爱的存在，她只是还无法将清晰的眼光坚定可靠地投向自己的孩子。她一再被拉回恐惧和其他情感汇成的汪洋大海中，很难实现这种持久的看见。但她知晓自己的状况，也就说明她看到了正确的事物，她已经认识到了自己的盲点所在，而正如我们之前所说，认识到盲点的存在就标志着盲点的消亡，尽管过程缓慢，但它终将消亡……"

"你说，我们是不是无论如何都要爱尽可能多的人？起码看清的对象多多益善，对吧？最好一直都能看清。直面真实总好过裹在幻想里。假如像你所说，爱和看清之间存在着这样的联系，那我们也应该尽可能爱更多的人。在最理想的情况下，我们该爱遇见的**所有**人。你不觉得你这个理论得出这样的结论很奇怪吗？"西格蒙德又发问了。

"这有什么奇怪的？"艾丽丝摆出一副无辜的神情反问，"每个人都是值得被爱的。我们爱的人越多越好。当然了，我们中的大多数估计一辈子都不可能真的爱上每一个人，这大概只有圣人能做到。"

七个脑袋齐刷刷地转向奥古斯丁，他悲伤地摇摇头："可惜也不是所有圣人都能做到……"

西格蒙德穷追不舍："但不该爱的情况也还是有的吧？比如对那些身处糟糕的感情关系之中，甚至遭受暴力的人而言，爱反倒让他们动弹不得。在这种情况下，让他们从爱中解脱出来岂不是更好？为了应付这种情况，我们该练习如何不去爱吗？"

艾丽丝迅速而坚定地回答道："一个人该不该继续爱下去和该不该维系一段关系完全是两个问题。我并不认为是爱让人们困在这种情况中无法逃脱，毕竟爱希望的是对双方都有益且公正的事物，而暴力对施暴者和受害者都是有害而无益的。"

"你看待爱的态度还真是积极，艾丽丝……说得好像爱着的人就不会犯错一样。"西格蒙德怀疑地摇头。

"爱着的人当然会犯错，他们只是不会因为爱而犯错。我记得这一点我在吃午饭的时候就提过：爱从来都不是我们唯一的行为动机，其他动机时常插进来捣乱，让我们分心，这也就解释了暴力的来源。假如爱是我们唯一的动机，我们就不会犯错了。借用奥古斯丁的话：'去爱吧，然后做你想做的！'奥古斯丁说得很有道理，但他没能再进一步：这话不仅在邻人之爱中成立，还适用于**每一种爱**。"

"为保险起见，也许我们应该再补充两句：去爱吧，**其他的什么都别做——先这样**，然后做你想做的！"马克斯建议道。

"我觉得西格蒙德有一点说得还是有道理的。"西蒙娜再次挑起话头，"爱似乎有点儿泛滥成灾了。各位将自己带入一下被爱者的视角。作为被爱者，你难道不希望最爱的人用一种**特别**的方式爱自己吗？一种与爱其他人**不同**的方式？或者你们想象一下，你最爱的人不幸去世了，通常情况下，我们不会立刻就爱上别人，因为我们的心灵还没有做好再次迎接爱的准备，所以这基本不可能发生。这段间隔难道毫无根据吗？难道不是不可或缺的吗？假如我们就此不再爱上别人，这不也是很好理解、很正常的事吗？"她提醒众人考虑这一点，"还是我们想的根本不是一种爱，所以我们其实说岔了？"见艾丽丝静下心下来组织答案，西蒙娜又补充道。

"我觉得我们说的是一回事……"艾丽丝思忖道，"我说的也是非常日常的爱，比如浪漫之爱、父母之爱、友谊之爱这种。我刚刚提到的清晰的眼光是它们的共同点，也解释了它们为什么都是爱的形式。你的反对意见很在理，我确实该对此做出解释，你看这样怎么样：我还是认为我们应该尽可能地爱更多的人，毕竟这是从我的理论里得出的结论。但因为我们经历爱的人生阶段不同，所爱的人也不一样，生命中每一段爱的体验自然是各不相同的，对孩子的爱和对成人的爱必然有不同的表达方式。我们对有些人的爱体现在与他们一同饮食起居，而对另一些人的爱则藏在遥遥相望之中。我们伴侣身上的特别之处并不意味着我们就得爱他们胜过爱其他所有人，我们只是用这种特别亲密的方式体验这份爱罢了。"

"那哀悼爱人的例子你怎么解释？"

"也是一样的道理。当人们哀悼逝去的爱人时，他们并不需要停止爱别人，他们只是停止了这段一起体验过的亲密关系。"艾丽丝犹豫了，"这个解释你满意吗？"她看起来不太确信，急切地看向西蒙娜。

西蒙娜正想回答，索伦忽然开了口："爱根本不可能练习。"他顿住了，思考起措辞，"忘我的状态对爱而言当然很重要，但假如对此进行练习，那人们也只是做好了迎接爱的**准备**，这和练习去爱是两码事。假如我们能够练习去爱，那就该存在着一种爱的技巧，学会了这种技巧，我们就能成为爱的……爱的专家。这样的专家比其他人更擅长爱，也可以预见谁会爱上谁。但这种爱的专家并不存在，也不可能有人对爱做出这样的预言，这很值得我们思考。爱是天赐的礼物，我们能做的只有做好准备迎接它，但爱绝不是一种技巧。"

"也就是说，做好准备的人也有可能一无所获？"伊曼努尔发问，艾丽丝不确定他声音里的惊慌是不是自己的臆想。

"这倒不是。做好准备的人可能已经隐隐觉察到礼物会降临，他们感受到爱在心中萌芽，做好准备本身就是对爱的一种应答。"索伦说。

"所以依你看来，爱纯粹看运气喽？难道在看运气和练习这两个极端之间就不存在别的情况吗？有时候我在想，要是存在一种能让我们随时产生爱的药丸就好了。有了这种药丸，我们就既不需要研究爱的复杂技术，也可以绕过练习如何爱人的麻烦，还不用听从命运的摆布。"西蒙娜感叹道。

"天啊！"奥古斯丁将双手在头顶上一拍，索伦看起来也大为震惊，而马克斯几乎义愤填膺："爱情药丸？！西蒙娜，你有时候真是太不浪漫了。"

"我开玩笑呢！不是认真的！不过我现在倒是好奇起来了，你们为什么都觉得这个想法这么大逆不道呢？除了索伦之外，你们可都被艾丽丝的想法说动了，觉得爱是可以练习、可以掌握在自己手中的。爱情药丸的效果跟练习其实没什么区别，只是更简单、见效更快而已。有了这种药丸，我们不用成为圣人也可以爱所有人了呀！"

"那这种药丸要怎么发挥作用呢？我们之前讨论过，爱并不能简单和大脑中一些化学物质的释放过程画上等号……"伊曼努尔思考着。

"但即便爱并不等于这种化学过程，关于爱是不是有化学成因这个问题，我们也没有给出定论。实际上我也不在乎这些细枝末节，毕竟我问题的关键并不是这种药丸有没有可行性，而是为什么这种'按键爱情'的想法，不管这里的'按键'具体是什么，让我们感到如此陌生。"西蒙娜解释道。

～♥～

"爱情增强药剂"并非天方夜谭。最新研究显示，第四章中提到的几种激素在爱中扮演着重要角色，而这些激素都可以通过特定药物得到补充，例如催产素有鼻喷剂，亚甲二氧甲基苯丙胺则可以提高多巴胺的释放水平。目前尚不存在可以持久维持爱意的药物，但神经伦理学家安德斯·桑德伯格认为这种药物的出现只是时间问题。对于化学手段介入爱这一行为的评论自然争议纷纷，更为详尽的论述请参见参考书目。

～♥～

"这难道不是因为我们认为爱是在精神层面上对恋人的一种特定表现吗？出于这种看法，我们不想控制爱，更不要说用'按钮'控制了。信念也是如此，我们希望的是它们最终能够成真，但也要遵循实际情况，而非遵循我们在该相信什么或是该爱谁之类的问题上一意孤行的想象。"伊曼努尔表明了自己的立场。

"那我们让这个思想游戏再向前走一点儿：我们按下这个'按钮'之后爱上的百分之百是那个对的人，那我们按下'按钮'不就和相信真理是一回事了吗？"西蒙娜更进一步。

"的确如此，但用艾丽丝的话来说，我们希望爱上对的人，是因为我们**看到**了他们的美好，因为我们理解了他们为什么值得我们爱。信念也是如此：我们不仅要得到真理，还想要理解真理。"伊曼努尔立场坚定。先前一直隐于众人之中的苏格拉底听到这里也点头如捣蒜，他大喊："我的发言，这是我说的！"

"那你们再设想一下，在按下'按钮'的同时，我们也立刻理解了为什么自己所爱的就是那个对的人，理解了我们的信念为什么是正确的。不费吹灰之力，我们便能立刻获得这种清晰的眼光。你们还想要什么呢？"西蒙娜大声说道，声音里又现出一丝不快。

众人陷入沉默，只有马克斯生气地低声道："胡说！我们想要亲自参与这个过程当中，我们要亲自经历这个过渡，从不爱到爱，从无知到理解，从黑暗到光明。"

"没错。"西格蒙德附和道，"尽管这个过程有些困难，但它和欲望是紧密相连的。如果不经历这个过程，我们也会失去这种特别的欲望体验。"

"当我们练习去爱或是做好爱的准备时，推动这个过程发展的就是我们自己。是**我们**写就了自己的故事。发挥自己的力量也是一件好事，这一点我们也该考虑到……主动行动便是参与到了神圣的事情当中。"奥古斯丁沉思道。

西蒙娜被说服了，抓起笔开始记笔记，艾丽丝也表示同意："是的，要克服自我还是得靠自己。"

"啧，爱情药丸倒是和现在这个时代很相称。"马克斯摆出一张臭脸，"什么都得迅速进行，一切都得马上发生，不然人们就不知道该干什么了。约会应用程序的时代，哈！"他突然急躁地把双手放到肚子上，大声宣布，"我饿了！咱们啥时候吃晚饭啊？"

第九章

约会应用程序——爱情大甩卖？

与会的客人们就约会应用程序和我们这个时代对爱的资本化展开讨论。

伊曼努尔急忙起身:"真的吗,马克斯?我现在就去做饭!做好之前,你们可以先吃点儿橄榄和咸面包棒垫一垫肚子。"

"我们能帮你做点儿什么吗?"西格蒙德问。伊曼努尔摇头拒绝了他,但艾丽丝一拍手,大声招呼道:"走,去厨房喽!大家都来!"客人们站了起来,在艾丽丝的带领下排成一条长队在房子里穿行。奥古斯丁走在最后,慢悠悠地爬着楼梯。"我这把老骨头哟……"他咕哝道,这次他拒绝了别人的帮助。奥古斯丁挪进厨房,伊曼努尔给他安排了一把椅子,决定道:"你负责在我们切菜的时候娱乐一下我们。晚饭吃土豆炖菜,你们看怎么样?"

不一会儿,众人就在厨房里忙活了起来,他们"洗劫"了橱柜,为了找菜刀还把抽屉翻了个底朝天,苏格拉底甚至还翻了条围裙出来给自己穿上。奥古斯丁新开了一瓶红酒,各位厨师不时小酌一口,再在休息或是不知道该处理什么菜的时候吃上几粒橄榄。索伦投入地洗着生菜，手里捏了一把绿色的菜叶，让水持续从他指尖流过。

"苏格拉底，我能借一下你的手机吗？"奥古斯丁请求道。

"你的任务是娱乐我们，可不是上网冲浪啊！"西蒙娜提醒他。

"我只是想研究一下现在这些约会应用程序，然后跟你们讲讲。"他解释道，"难道这还不够娱乐吗？"

"哦，天啊，"马克斯发出了呻吟，"无聊死了好吗。"

"你可是个社会学家，马克斯，这些你难道不感兴趣吗？！"奥古斯丁吃惊地扬起了眉毛。

"我觉得这些应用程序完全是当今时代的一大错误。就像我刚刚说的那样，不过是利用资本主义市场经济，试图控制爱的笨拙尝试而已。"

"你总是这么急着下结论，马克斯。用这种应用程序开展的约会和传统意义上的约会真的那么不一样吗？问题究竟出在哪儿？其中又有什么**特别体现资本主义性质的地方**？"忙着削土豆的西蒙娜吹开了垂到面前的一缕鬈发。

"少安毋躁，我们先来看一看。"奥古斯丁安抚道。苏格拉底将手机递给他，奥古斯丁笨拙地在搜索引擎里输入了"约会应用程序"几个字，两人弯腰挤在屏幕前，讨论了一阵子,最后打开了一个应用程序。"我们得建个账号。"他俩异口同声地说,"我们需要一张头像照片,有没有自告奋勇当模特的?"

见没人回应,苏格拉底径自抓过手机,迅速对着端着沙拉碗的索伦抓拍了一张。索伦震惊地表示抗议,险些将沙拉碗摔在地上,脸和脖子都激动得泛红。"对不起了索伦,你实在是太上相了。"苏格拉底向他道歉,"一会儿我们就删!"

索伦倒吸了一口气,但苏格拉底和奥古斯丁已经完工了:"好了!看起来很不错嘛!现在我们再写个简介:'嗨,我叫索伦,期待各种关系。我住在哥本哈根,但对柏林也很熟悉……'""好,这么写准没错!"奥古斯丁点头称赞。

苏格拉底继续写了下去:"……目前逗留柯尼斯堡中,喜欢读书写作……还有什么要补充的吗?"

"喜欢读书写作?!可别了吧,赶紧删掉!"西蒙娜尖叫道。

"这个是不是更好:做白日梦的夜猫子?"艾丽丝咧嘴一笑。

"必须的,加上了。好,现在我们可以滑起来了!"苏格拉底兴奋得用两只脚轮流跳了起来。第一张照片出现在屏幕上,手机被在整个厨房里传阅:"左滑!快点儿!""不不不,右滑！长得还是挺和善的嘛，还有点儿像蕾吉内！""我感觉她有轻微的歇斯底里倾向。"西格蒙德断言。在一片喧闹中，索伦的眼中涌出了泪水，他转过身背对着众人，撕着大片的生菜叶。

～ ♥ ～

索伦·克尔凯郭尔曾与蕾吉内·奥尔森订婚一年。二人应当是真心相爱的，但最终克尔凯郭尔还是取消了婚约，后世的人也只能猜测其背后具体原因。解除婚约时蕾吉内刚满十六岁，克尔凯郭尔则二十五岁，此事对二人打击都很大。对蕾吉内已与另一名男子订婚的消息，克尔凯郭尔感到非常伤心。蕾吉内对他的思想和写作一直有着重大的影响。与蕾吉内分手后，克尔凯郭尔终身未婚。

～ ♥ ～

"配对成功了！"苏格拉底喜出望外地叫道，"又配对成功了一个！还有——不会吧！索伦，你可太受欢迎了！"

"我们要不要跟对方聊聊？"西格蒙德建议道，"这个人我觉得有点儿意思，她看起来也很了解哲学，我们能不能请她来跟我们一起吃晚饭呀？"

"稍等一下，我们只是为了大概了解一下这种软件而在做实验而已。"奥古斯丁提醒道，"所以，女士们先生们，大家对这种软件的第一印象如何？"

"我最明显的感受是一切都进行得飞快。"艾丽丝靠在冰箱上开了口。西格蒙德夺过手机，继续滑了起来。"人们要在几秒钟的时间内决定是左滑还是右滑，然后跟配对成功的对象聊天，再以最快的速度，往往是当天就和对方约定见面。毫不意外，很多人在第一次见面的时候依然采取这种快速模式：他们不假思索地判断对方是否符合自己的期待、两个人合得来的成功概率有多高，然后根据自己的判断决定要不要和对方继续下去。之所以会产生这样的现象，也许是因为这种应用让人们在选择心仪对象时有了非常广泛的挑选范围，并为他们营造出一种氛围：只要他们努力在应用程序里挑选，总能找到一个完美对象、总能拥有一次十全十美的配对。既然如此，人们又何必在第一眼看起来就并不完美的对象身边浪费时间，费力气去深入了解彼此呢？假如换一个对象，也许就完全不用费这份力气了。那好吧，我还能说什么呢？这种'闪电'模式显然和我刚刚提到的沉浸体验背道而驰，而在我看来，那种沉浸体验对爱非常重要。当然，在这种情况下，沉浸体验也并非完全**不可能**发生：要么会出人意料地发生在第一次见面的时候，要么会随着二人不断熟悉而渐渐出现。但我担心这个应用会让人更难深入了解他人：体验过这种高速模式的人很难轻易从中脱身，而爱需要的显然是另一种计时法。"

"我说过，我觉得这就像逛一家巨大的超市，人们需要在千万件商品中找到那一件对的。"马克斯大声说，但他的发言被突如其来的一个喷嚏打断了，伊曼努尔正站在他身边用研磨器磨胡椒。

~ ♥ ~

在《爱情的终结》中，社会学家伊娃·易洛思将人们在约会应用程序上的相遇形容为"一种自我介绍，其目的是尽量高效地淘汰不合适的对象"。她参考了一系列研究，证明了基于视觉的评判究竟发生得有多快。

~ ♥ ~

奥古斯丁接过话头："艾丽丝，你刚刚跟我们解释过，在沉浸体验中，我们可以不受自我的干扰，客观地看待对方，那可以说这种应用程序加强了自我的干扰，让缠在我们眼前的纱变得更厚了吗？毕竟你也说了，它会让沉浸体验变得很困难……"

"嗯，我不想现在直接下结论，"她回答道，"但我认为确实存在这种风险。这种风险不仅来自'闪电'模式，还来自这种应用程序会诱使我们落入自我审视的陷阱。假如你们刚刚拍的是我，我肯定不会像索伦那样窘迫，我会想立刻看看那张照片，然后开始琢磨：这张照片够不够好看，我是不是该换件衣服，是不是该认真看镜头，是不是该露出性感的微笑等。这张照片应该是吸引其他用户的诱饵。我越是频繁使用这个应用程序，就越频繁地琢磨自己和自己的形象，我会试着把自己代入其他用户的视角，但并不是为了理解他们，而只是为了了解他们眼中的我是什么样子、在他们看来我哪些地方具有吸引力。自然而然，这为我的自我产生恐惧、不安等情绪提供了绝佳诱因。如果我想得没错，那这种应用程序对于爱而言是弊大于利的。"

奥古斯丁表示同意："这种应用对我来说恐怕是纯粹的毒药！"他承认道，"有了它，我可能就不会深入思考爱是什么了，而会将诱惑他人当作一种运动般的娱乐，我年轻时可很擅长这个。正是因为起初的追求阶段非常刺激，性爱才让人上瘾，对方委身于你，你就赢了这场游戏，这让你感觉自己很强大，富有生命力和吸引力。在这个过程中，人们得以短暂瞥见对方平日里封闭的感情世界，这惊鸿一瞥短暂地将两人以一种不具有约束力的方式联结起来，仿佛两颗擦肩而过的流星。"

"你为什么会觉得它是毒药呢？这种应用程序允许人们在任何时间，以任何方式，出于任何原因约会，它就没有一点儿可取之处吗？人们当然可以在上面寻找真爱，但也可以仅仅用它寻找一夜情对象，或是找人一同出门约会，共度良宵呀。这种应用程序还是有一定解放性的，它允许的约会形式几乎百无禁忌，可以避免一些不好的社会习惯影响。比如从理论上讲，这种应用程序可以帮助女性摆脱在性方面的被动地位……"西蒙娜思索道。

艾丽丝露出了怀疑的表情："我觉得这可能性不大。"她这样说着，吐出了一粒橄榄核，"女性依然被看作性客体而非**性主体**，年轻女孩也没有接受过可以使她们性主动的教育。我可是从你那儿了解到这一点的，西蒙娜，可惜的是，这一情况近年也并没有得到改变。无论有意无意，只要人们依然抱有这一观念，即女性的价值由她对男性的吸引力决定，那我认为约会应用程序就不能对女性解放提供什么帮助。恰恰相反，这种应用程序会让女性对自己的形象产生一种吹毛求疵的担心,当她们遭到拒绝时还会产生一种不安心理,而男性则会继续过度关注女性的外貌,希望像猎人一样收获尽可能多的猎物。"说到后面,她的声音越来越大,自己也笑了起来:"哎呀,我这是怎么了?!一定是因为喝了酒。其实我是百分之百地**支持**在这个语境下打破社会常规习俗,自由去爱的,我只是觉得不能靠这种软件来实现解放。"

西蒙娜思考了起来:"的确,你说得对,社会变革不是这么搞的。假如特定的性别角色形象已经在我们头脑里扎下了根,那单靠法律法规变得更加自由是远远不够的。当然,做出这样的改变是解决问题的第一步,但外在束缚并不是这个问题的**全部**。法律规定的性别平等并不意味着性别歧视的终结,内在的偏见可能只能通过高强度的社会讨论和教育来扫除。"

"说得没错。"艾丽丝说,"在'酷儿'群体中,这类应用应该不会存在这么多问题,毕竟他们对性别角色和性取向的想法本身就很不一样了。"西蒙娜点头表示赞成,继续回去对付土豆。

索伦吸了吸鼻子:"这种应用简直糟透了!"他揉了揉眼睛,"你们难道看不出它多能扭曲我们的自我认知吗?有了它,我们用外人的视角审视的就不仅是我们的身体,还有我们的内心，我们的信念、偏爱和渴望也成了我们个人形象的一部分，应当展露给其他用户看，对他们展示出吸引力。人们为自己加上讨人喜欢的新潮特色，却否认或隐藏了自己的真实想法，但并非每一次都能隐藏得很好。这样一来，人们会渐渐失去对自己态度的感知和对真理的把握，这是很危险的！"

"不管怎么说，诱惑你的人可是很喜欢这个应用呢，索伦。"西格蒙德一边说着，一边将作为餐后甜点的各种糕点摆进一个大盘子里，"但其实依我看，你们都把这事儿看得太认真了。不管有没有应用程序，约会都有一定危险。二人之间的诱惑游戏当然非常吸引人，但不管是在诱惑他人的过程中感受到乐趣，还是成为被诱惑的一方，不管是对某人产生了希望认真相处的情愫，还是在对方为了征服你而表现出虚情假意时对其敞开心扉，都应该清楚约会的风险。"

"哎呀，我们也不必这么害怕被别人诱惑嘛。"苏格拉底绕着厨房桌子转圈，"有时坠入爱河就是最美妙的事情，毕竟爱能让人记起自身灵魂中藏着的永恒理念。假如诱惑者没有感到自己产生了情愫，那说明他才是输家。但就像我今天早上说的那样，他在看到自己猎物的一瞬间也不得不缴械投降，毕竟对方眼中的爱也会唤醒他心中的理念，这点你们还记得吧？这实际上是个双赢的局面。这种应用让我担心的点在于，人不能单靠照片去诱惑别人，不管照片拍得有多好，对想诱惑别人和自己**坠入爱河**而言都是不够的。这个过程只能通过对话完成，而且还不能是针对随便某个主题的对话，必须是讨论最重要问题的哲学对话才行，只有在这种对话中，对方的美丽才能显现。我们毕竟是拥有精神生活的生物，只有在面对精神层面的挑战、面对表达精神活动的姿态动作时才会做出反应，我们只对作为精神世界表现形式的身体感兴趣，纯粹的肉身很快就会让我们厌倦。"

"但这应用允许我们聊天，甚至鼓励我们聊天啊？"西格蒙德反驳道，"除此之外，有时候我们对一张照片做出反应，恰恰是因为我们在那张脸上发现了某种精神活动，它让我们产生兴趣，让我们想起了什么，让我们感到亲切。这种过程往往在人们无意识时发生，我们常常连自己都无法确定为什么会觉得某幅画特别吸引人。其他的会面场合也是如此，比如在酒吧结识陌生人时，我们也常常不知道为什么自己会认为一些人很有吸引力，而其他人则没有。当然，这和我们的父母也有很大关系……"

"但酒吧可不是超市！"马克斯果断地剁开了一个大洋葱。

"那确实，跟约会应用比起来，一家酒吧可能就是街角小店的规模，但也算是家店嘛。在酒吧约会的实质还是尽可能地扬长避短，并对其他在场的人进行评判：有深交的潜力还是根本不值得自己费心？还是这一套。为什么你们会觉得应用程序就完全不同呢？"西格蒙德不为所动。

"是啊，而且通过应用程序约会比在酒吧还安心一点儿，毕竟要先配对成功，双方都表现出兴趣，你们才能对话。"西蒙娜附议道。

"规模**的确**算**是**一大区别。"马克斯擤了擤鼻涕坚持道，他被洋葱呛到了。"超市里庞大的选择范围让单件商品显得非常不起眼，也很容易被替代，甚至可以用后即抛。这样对待早餐麦片和洗发水当然没问题，但对待人可不行。我们之前已经很详细地讨论过了，爱离不开对恋人不可替代性的认识，这点即便在人们借助应用约会相爱的情况下也依然适用。但应用程序为这个过程增加了难度，因为有了应用程序，对方就似乎很容易被替代，所以人们要花更长的时间来意识到恋人的不可替代性。而在意识到这点之前，人们总会担心自己错过了什么，也许再滑几下就能找到更好的人选。我和艾丽丝看法一致：这种应用程序对于爱的进程而言弊大于利。"

"也许很多使用这些应用的人根本就不是为了爱。"伊曼努尔打开烤箱，把砂锅放到中间一层烤盘上，"这也许就解释了他们为什么挑选了这样一个在很多方面都不适合爱的媒介。

即便他们想要的并不只是性,他们追求的也更像是一种**功能性的关系**。爱可以是这种关系的一部分,但不是必需。这样的一段关系应当为他们提供消遣,与他们所属的同类群体相匹配,消除他们的寂寞,也许可以为一段民事关系构建感情基础。换句话说,这种关系就像是自由版的包办婚姻,两者的评判标准非常类似,即爱并不在其中起到决定性的作用,只不过关系的决定者从双方父母变成了自己。浪漫主义者是瞧不上这种关系的……"他微笑道。

"浪漫主义者们究竟去哪儿了?你没邀请他们来吗,伊曼努尔?"马克斯问道。

"不啊,我请了!施莱格尔兄弟、拉赫尔、贝蒂娜、卡罗琳娜我都请了,但我不知道他们现在在哪儿,不过他们一向爱迟到一会儿。"他无奈地耸耸肩,又补充道,"约会应用程序让我担心的倒不是这个,而是别的事情。你们中很多人都很欣赏这种应用的百无禁忌,或者至少不反感,但这个特征让我很害怕。人们可以通过约会应用达到各种目的,这使参与者感到不安:对方究竟想要我做什么?只是一夜情,还是展开一段关系,抑或是在寻找真爱?我想要的又是什么?只要双方没有开诚布公地谈清楚,并达成相应的共识,这样的约会就很容易发展成性侵。吃午饭时我提了一嘴,我认为只有先达成约定，才能在道德层面上允许进行性行为。双方要在这个约定中明确地表达自己的想法，要平等地作为性主体和性客体缔结这个约定。而在缺乏规则的情境下，双方不了解对方的目的，人就很容易沦为性客体，成为单纯满足欲望的工具，这有悖我们作为人的尊严，我们不能把人当作工具使用啊！"

~♥~

2018年，瑞典通过了一项法律，规定发生性关系的双方只有通过言语或肢体表示同意，这次性关系才算合法。这项规定在覆盖面上和伊曼努尔的"约定"设想并不完全一致，但基本思路相似。

~♥~

"嚯，要是大家都在上床之前先签个合同，那还有什么刺激可言呢！这可太不浪漫了。"西格蒙德抱怨道。

"对方的尊严可比刺激更重要，而且把对方当作工具使用也谈不上浪漫。"伊曼努尔反驳道，语气很是暴躁。众人一时间陷入了沉默。

"总结时间到。"奥古斯丁开了口，打破了沉默，"这种应用程序……我的老天，这么一想，我们几乎光给它挑毛病了：迅速的配对模式很有问题、肤浅的评判标准让其他用户变成了超市里可替代的商品、缺少防性侵的规章，还无法推动社会变革。就这些了吧？我漏了什么吗？"

"你们这帮悲观的挑剔鬼。"西蒙娜抱怨道，"也许你们在很多方面都说得对，但你们想想，这样一个应用程序对那些孤身一人的人来说该是多大的一桩好事，比如那些在村子里找不到同道中人的人、那些工作到深夜无法去酒吧交友的人、那些生病在床的人，等等。"

"孤独……"奥古斯丁闭上了眼睛，"让人不得安宁。愿你们获得平静。"

西蒙娜打开烤箱喊道："好了没？吃晚饭吗？"

这时，门铃响了。

第十章

你只需要爱

索伦·克尔凯郭尔有场约会。艾丽丝·默多克在脑海中回味过去的一天。

一位高大的女性走近厨房，静静地环视着众人。她双眼炯炯有神，但时不时会近乎不可察觉地失焦片刻，让她看起来有些心不在焉。"眼神迷离，内心世界藏得很深。"西格蒙德腹诽道，他思考着该怎么开口。索伦目不转睛地盯着她看，其他人也发现自己很难从对方身上移开眼睛。她沉着地接受着众人的注视，仿佛一切都在她的意料之中。她从容地转向给她开了门、让她先行进屋的伊曼努尔。

"你的厨房很漂亮。"她微笑道。

"狄奥提玛！"苏格拉底站在厨房桌子后面，仿佛脚下生了根。

"索伦和我配对成功了。"她带着几分预言般的语气解释道，"我接受了他的邀请。"

"西格蒙德？！哦，天啊，西格蒙德当时拿着手机……是西格蒙德干的！"索伦震惊地支吾道，"我是不会……这应用程序真的太糟糕了！我本希望能在别的场合见到您……我……我荣幸之至！"他的脸上头一次露出一丝幸福。

"留下来一起吃饭吗？"苏格拉底问道，他想不到更好的问题了。几乎没什么事能让他失去冷静，但这会儿他的膝盖却因激动而在桌面下发抖。

狄奥提玛同意了。端着盘子和沙拉碗，众人陪她一同走回了餐厅。伊曼努尔给她拖来椅子，大家纷纷落座开动。众人交谈着，刚开了个头的谈话被其他话题打断，之后再度开始。餐厅里洋溢着兴奋的气息，仿佛一场新老朋友齐聚一堂的庆祝活动刚刚开始。

苏格拉底和狄奥提玛凑在一起，急切地谈论着什么。索伦害羞地溜到两人身边，安静地等着两人转向他。奥古斯丁趴在西格蒙德耳边小声说："好家伙！所以还真有她这么号人啊？"西格蒙德回答道："我在应用上刷到她时也不敢相信自己的眼睛，但她就在那里，和天上的太阳一样真实，和你我一样真实。"他耸了耸肩，奥古斯丁摇了摇头，依然感到难以置信。

在桌子的一头展开了一场关于真实性的讨论：人们通过爱的行动表达自己，因此这种行动是真实的，而独立性也体现在真实性当中。"自我表达是什么意思？你们认为表达出的这个'自我'是谁?"伊曼努尔问道。

"不管怎样,爱让人富有创造性。"狄奥提玛忽然插了进来,"爱神厄洛斯拥有一种创造性力量,人们很难摆脱他,也很难放弃他。他愿意帮助一切希望改变世界的人。"

"这又怎么讲?"西蒙娜问道,"如果不打比方,你是不是认为爱可以帮助我们让这个世界变得更好?"

"现在我也这么觉得了!"伊曼努尔喊道,"在今天的讨论中,这个想法已经出现过好几次了:爱开始于关注某一个特定的人,但我们的视野会随之而拓宽,当我们集中注意力时,恋人的人性也会在其他人身上得到体现。爱为有关公正的想法提供了推动力。"

众人同时喊了起来,抢着回答这个问题。西蒙娜从包里掏出烟盒,宣布道:"现在该谈点儿政治了,孩子们。"

艾丽丝忽然感到特别疲倦。众人并没有注意到她什么时候悄悄离开了餐厅,溜回了她在阁楼上的小房间。她躺到床上,舒展开双腿。窗外,天已经黑了许久。"也许明天会下雪呢……"她闭上眼睛想。她的思绪飞向了过去的一天中和大家一起提出的那些问题,在脑海中做起笔记:"苏格拉底认为,当有人让我们回想起在我们心中沉睡多时、已被我们遗忘的永恒理念时,我们就会爱上那个人,而恋人会帮助我们走向智慧。之后马克斯指责他无法解释恋人的无可替代性，因为按照苏格拉底的观点，被爱者对爱者而言只是一件可以助其获得智慧的工具。我们后来提了各种解决建议，都是什么来着？"她努力地回忆着，"对了，爱究竟是什么？是在精神层面上对恋人的一种表现，对，这个我们说过了，它不是大脑中的激素鸡尾酒，但也不是对恋人可贵品质的评判。西格蒙德认为爱是一种驱动力……爱欲驱动力。我说，爱是一种看见。嗯。之后我们又说到了机器人，以及我们能不能爱上机器人。我们一致认为，我们只能爱有自主意识的机器人。但只要有自主意识就够了吗？还需不需要别的什么呢？比如，在人类爱上它们之前，它们是不是得先有爱的能力？但又是什么构成了爱的能力呢？这可不好决定。"

她一边转动脚踝，一边继续想着："之后我们谈到了爱和独立性以及爱和幸福：爱究竟是会让我们幸福，还是会损害我们的自主性？二者兼具实在不太可能，毕竟独立性也是幸福的一部分，至少西蒙娜是这么想的，我也很受启发。关于独立性，苏格拉底有些很有意思的想法，是什么来着……"她坐起身，从箱子里翻出笔记本和钢笔，手里的纸笔让她回忆起了更多细节。

"哦，奥古斯丁担心爱会在道德上出现问题，因为它会让人偏爱自己的恋人，所以有失公平。这是排他性的爱！而邻人之爱就不同了……至少他这么觉得。但索伦认为，在每一种爱中都藏着一丝丝邻人之爱。我和伊曼努尔后来讨论起了存不存在这么一种拥有爱的权利的问题，他似乎很同意这个想法：爱是可以练习的，因而也存在爱的义务。我跟他们谈到了艺术，谈到了艺术怎样帮助我们练习如何爱人。哦，哈，那段发言是我即兴发挥的，不知道他们听明白了没。"她的眼睛困得睁不开，又躺回了枕头上。

"还有约会应用程序！"她不禁笑了起来，"可怜的索伦……谁能想到狄奥提玛确有其人呢！但我倒是一直都知道。"她打了个哈欠，从楼梯间传来说话声。

"她为什么非走不可呢？"她听见索伦问道，语气有些可怜。"她从不在一处久留……但别担心，她总会回来的。"苏格拉底安慰他。二人沉默了一会儿，苏格拉底又补了一句："拿着，这是她的电话号码。"索伦激动地向他道谢。

楼下响起关门声。艾丽丝听到有人上楼，回到了餐厅里。肯定是伊曼努尔，因为她现在听到了他的声音："我希望你们愿意在这里多待会儿。还有那么多话题可以谈，我们才刚刚开了个头呢！各位想待多久就待多久，哎呀，请大家一直留下来陪我吧。"

过了一会儿，屋里响起乐声，椅子被推到一旁，整座房子里回荡着笑声。马克斯跟着音乐放声高歌，奥古斯丁喊道："谁要和我一起跳舞？"

"伊曼努尔，我亲爱的朋友……"艾丽丝带着沉沉困意微笑了起来，和着音乐的节拍活动脚趾，"你只需要爱……"

致　谢

我十一岁时，有一个名叫维托里奥的哲学心友。他是一位哲学教授，也是周末时常来我家做客的朋友。他听说我在读《苏菲的世界》，还经常用有关柏拉图思想的问题对他纠缠不休，于是给我写了一封信。在信中他向我描述了一家咖啡馆，他误打误撞地闯了进去，发现来自各个时代的哲学家聚集在此，一同讨论。我则在回信中告诉他，我也结识了一名穿着托加长袍的神秘男子。随着我们持续通信，维托里奥继续在那家咖啡馆中与他的朋友们碰面，而我则在经过的各种地方，比如公园或火车站邂逅各位哲学家。我们一直保持着书信往来。从某种意义上来说，这本书也是这场邂逅的延续。

如果没有我最亲爱的人和两位出色的审稿人，我绝不可能完成这本书，因此在这里我要感谢安迪、科迪莉亚和我的父母，感谢他们对几版书稿极有助益的评价，感谢他们付出的时间和爱。当然还要感谢派博出版社的安雅·汉瑟尔和马丁·库里克，从创作伊始他们便陪伴着我，反复试读，并给出了无数重要的建议。和你们共事我非常开心！除此之外，我还要感谢玛蒂娜·弗兰克和她的绝妙插图。

我将这本书献给我的儿子埃曼努埃尔，因为这本书写成于他出生后的第一年，写成于他入睡之后或是被他父亲抱在怀中的时刻，因为他是我的无上珍宝。有了他，我们见过了凌晨的世界，唱熟了无数儿歌，知道了疲惫的痛苦，又忽然希望自己活得够长。爱就是这样，它改变了一切。

参考书目

书中各位哲学家的主要著作，括号中为原书名及成书或出版时间：

柏拉图：
《吕西斯篇》(*Lysis*)
《会饮篇》(*Symposium*)
《斐德罗篇》(*Phaedrus*)

奥古斯丁：
《忏悔录》(*Confessionum*，公元 397—401 年)
《独语录》(*Soliloquia*，公元 386 年)
《论基督教教义》(*De Doctrina Christiana*，公元 397 年)

伊曼努尔·康德：
《道德形而上学的奠基》(*Die Grundlegung zur Metaphysik der Sitten*，1785 年)
《实践理性批判》(*Kritik der Praktischen Vernunft*，1788 年)
《道德形而上学》(*Die Metaphysik der Sitten*，1797 年)

索伦·克尔凯郭尔：
《非此即彼》(Enten-Eller，1843 年)
《爱的作为》(Kjerlighedens Gjerninger，1847 年)

西格蒙德·弗洛伊德：
《性学三论》(Drei Abhandlungen zur Sexualtheorie，1905 年)
《超越快乐原则》(Jenseits des Lustprinzips，1920 年)

马克斯·舍勒：
《伦理学中的形式主义与质料的价值伦理学》(Der Formalismus in der Ethik und die Materiale Wertethik，1913—1916 年)
《同情的本质与诸形式》(Wesen und Formen der Sympathie，1923 年)

西蒙娜·德·波伏娃：
《模糊性的道德》(Pour une Morale de L'Ambiguïté，1947 年)
《第二性》(Le Deuxième Sexe，1949 年)

艾丽丝·默多克：
《利益的主权》(The Sovereignty of Good，1970 年)
《阿卡斯托斯：三段柏拉图式对话》(Acastos–Three Platonic Dialogues，1986 年)
《作为道德指引的形而上学》(Metaphysics as a Guide to Morals，1992 年)

扩展阅读

关于柏拉图对话录中的爱：

Nussbaum, Martha: *The Fragility of Goodness —Luck and Ethics in Greek Tragedy and Philosophy*

Horn, Christoph (Hrsg.): *Platons Symposion*, Akademie Verlag (*Einige Thesen, die Sokrates im ersten Kapitel vorträgt, führe ich genauer aus in meinem Beitrag in diesem Band.*)

关于爱的本质与不可替代性问题：

Velleman, David: » Love as a Moral Emotion «, in *Ethics*, Vol. 109/2

Kolodny, Niko: » Love as Valuing a Relationship «,in *Philosophical Review*, 112/2

Frankfurt, Harry: *The Reasons of Love*

Jollimore, Troy: *Love's Vision*

关于奥古斯丁对爱的思考：

Arendt, Hannah: *Der Liebesbegriff bei Augustin: Versuch einer philosophischen Interpretation*

关于爱与生物学：

Fisher, Helen: *Why We Love: The Nature and Chemistry of Romantic Love*

Jenkins, Carrie: *What Love Is and what it could be*

关于西格蒙德·弗洛伊德与欲力：

Lear, Jonathan: *Love and its Place in Nature – A Philosophical Interpretation of Freudian Psychoanalysis*

Lear, Jonathan: *Freud*

关于婴儿与社会性：

Stern, David N.: *The Interpersonal World of the Infant – A View from Psychoanalysis and Developmental Psychology*

关于图灵测试：

Oppy, Graham and Dowe, David, » The Turing Test «, *The Stanford Encyclopedia of Philosophy*(Spring 2019 Edition), Edward N. Zalta (ed.), https://plato.stanford.edu/archives/spr2019/entries/turing-test/

关于人机恋：

Wennerscheid, Sophie: *Sex Machina*

关于人与物件的区别：

Nida-Rümelin, Martine: *Der Blick von Innen*

Honneth, Axel: *Verdinglichung*

关于爱与独立性：

Kreft, Nora: » Love and Autonomy «, in Grau, C., Smuts, A. (Hrsg.), *The Oxford Handbook on the Philosophy of Love*

关于爱与道德，特别是湖畔救人问题：

William, Bernard: » Persons, Character, and Morality «, in *Moral Luck*

Wolf, Susan: » One thought too many: Love, Morality, and the Ordering of Commitment «, in U. Heuer & G. Lang(Hrsg.), *Luck, Value, and Commitment: Themes from the Ethics of Bernard Williams*

Setiya, Kieran: » Love and the Value of a Life «, in *Philosophical Review*, 123/3

关于拥有爱的权利：

Liao, S. Matthew: *The Right to be Loved*

有关爱与儿童发展的心理学研究：

Kristiansson, Bengt, and Fallstrom, Sven P., » Growth at the Age of 4 Years Subsequent to Early Failure to Thrive «, *International Journal of Child Abuse and Neglect* 11/1

Carlson, Elizabeth A., and Sroufe, L. Alan, » Contribution of Attachment Theory to Developmental Psychopathology «, in *Developmental Psychopathology*, ed. Dante. Cicchetti and Donald K. Cohen

Bos, Karen et al., » Psychiatric Outcomes in Young Children with a History of Institutionalization «, *Harvard Review of Psychiatry* 19/1

Luby, Joan L., et al., » Maternal Support in Early Childhood Predicts Larger Hippocampal Volumes at School Age «, *Proceedings of the National Academy of Sciences* 109/8

关于艾丽丝·默多克的爱情理论：

Milligan, Tony: » Love in dark times: Iris Murdoch on openness and the void «, in *Religious Studies*, Vol. 50/1

Setiya, Kieran: » Murdoch on the Sovereignty of Good «, in *Philosophers Imprint*, 13

关于"爱情药丸"：

Earp, Brian D.: » Love Enhancement Technology «, in C. Grau & A. Smuts (Hrsg.), *Oxford Handbook on the Philosophy of Love*

关于爱、资本主义与约会应用程序：

Illouz, Eva: *Warum Liebe weh tut*

Illouz, Eva: *Warum Liebe endet*

图书在版编目（CIP）数据

谈情说爱的哲学家：8场关于爱的跨时代讨论/（德）诺拉·克雷弗特著；陈敬思译.--天津：天津人民出版社，2022.3（2022.7重印）

ISBN 978-7-201-18067-0

Ⅰ.①谈… Ⅱ.①诺…②陈… Ⅲ.①爱的理论—哲学思想—思想评论—世界 Ⅳ.①B82

中国版本图书馆CIP数据核字（2021）第270483号

Author: Nora Kreft
Title: Was ist Liebe, Sokrates? Die großen Philosophen über das schönste aller Gefühle
Copyright © 2019 Piper Verlag GmbH, München/Berlin
Illustrations © Martina Frank
Chinese language edition arranged through HERCULES Business & Culture GmbH, Germany
Simplified Chinese Translation copyright © 2022 by United Sky (Beijing) New Media Co., Ltd.

图字：02-2021-215

谈情说爱的哲学家：8场关于爱的跨时代讨论
TANQING-SHUOAI DE ZHEXUEJIA:8 CHANG GUANYU AI DE KUA SHIDAI TAOLUN

出　　版	天津人民出版社
出 版 人	刘　庆
地　　址	天津市和平区西康路 35 号康岳大厦
邮政编码	300051
邮购电话	022-23332469
电子信箱	reader@tjrmcbs.com
选题策划	联合天际·社科人文工作室
责任编辑	霍小青
特约编辑	宁书玉
封面设计	安克晨
制版印刷	三河市冀华印务有限公司
经　　销	新华书店
发　　行	未读（天津）文化传媒有限公司
开　　本	880 毫米 ×1230 毫米　1/32
印　　张	7
字　　数	117 千字
版次印次	2022 年 3 月第 1 版　2022 年 7 月第 2 次印刷
定　　价	49.80 元

关注未读好书

未读CLUB
会员服务平台

本书若有质量问题，请与本公司图书销售中心联系调换
电话：(010) 52435752

未经许可，不得以任何方式
复制或抄袭本书部分或全部内容
版权所有，侵权必究